ピラミッドの正體

モルトン・エドガア原著

酒井勝軍譯述

上圖は埃及カイロ博物館所藏のものにして、アメネムヘト朝に築造されたるピラミッドの頂上に据ゑられたる太陽石である。之はアメネムヘト第三世（紀元前一千八百四十九年乃至一千八百〇一年）のピラミッドなりと判斷せらるゝが、ギゼの大ピラミッド即ち本書所說のもの以外は悉く王の陵廟なるが故に、之をピラミッドと呼ぶは不當なり。何となればピラミッドとは日本語のヒラミットノより轉訛せるものにて、ヒは太陽ラは光線、ミツは充溢、トノは殿の義なるが故に、ピラミッドは日光漲る神殿の意で、不淨なる墳墓ではないが、後世の王等がギゼのピラミッドの偉大を模造したことを忘れてはならぬ。

されば此圖の太陽石もギゼのピラミッドの頂上にあつた太陽石を模造したものであるから、實は太陽石とは言ひ得ないが形式だけは模造されて居るので參考のために掲げたのである。人面は太陽神で前額には日の神鏡を飾り頭髮自づから日光の如く左右に放射されて居る。而して其下には例のエヂプト式象形文字が綴られてあるが、若しギゼの大ピラミッドに有つた太陽石が實在して居つたとすれば、如何に貴重な記錄が明示されて居つたであらう。併しながらマホメット敎徒のために破壞濫用され今は何處にも其原狀を探り得ぬのが殘念である。

ピラミッドの正體

目次

挿圖目次

第一圖

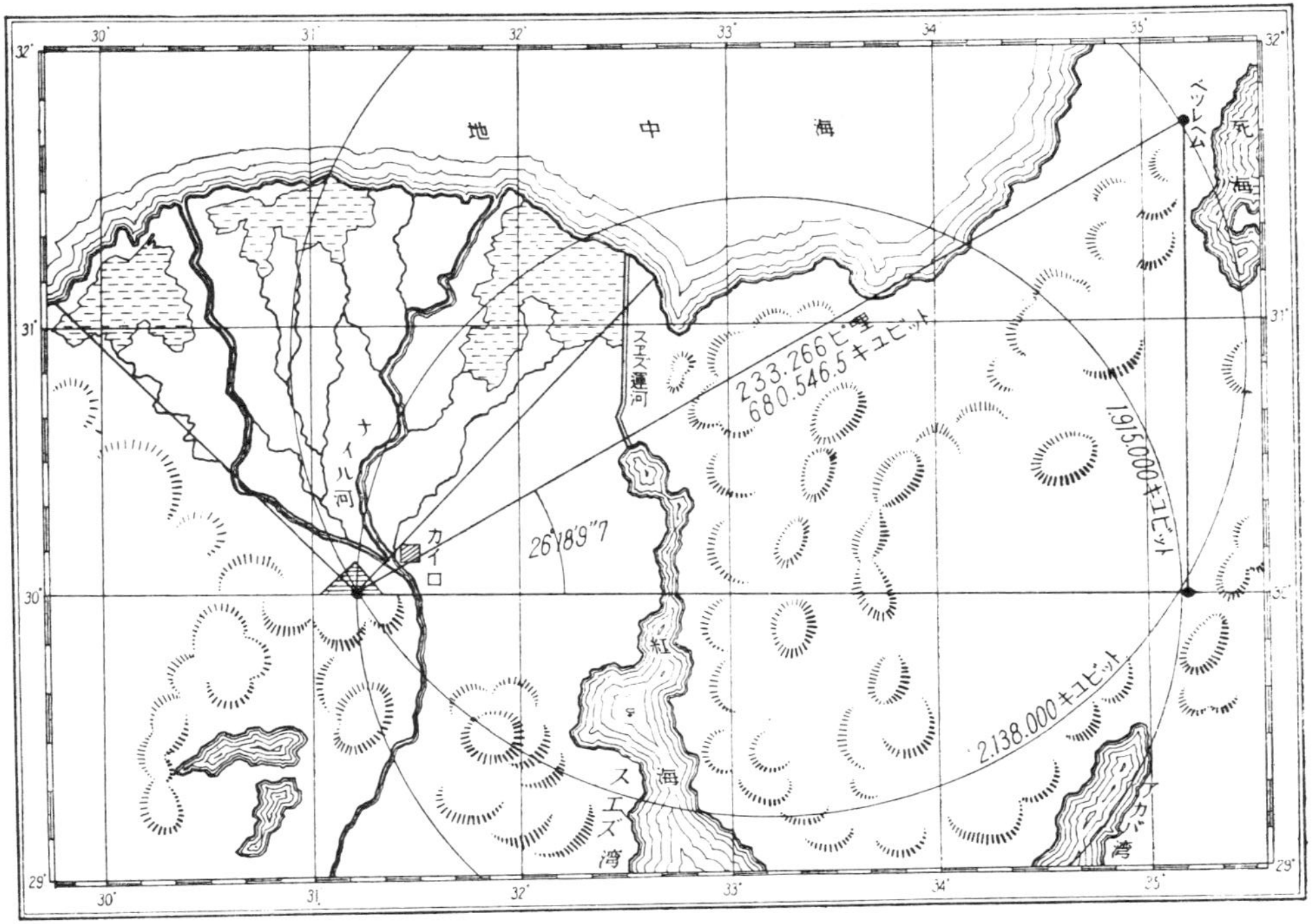

ピラミツドとベツレヘムとの關係圖

第二圖

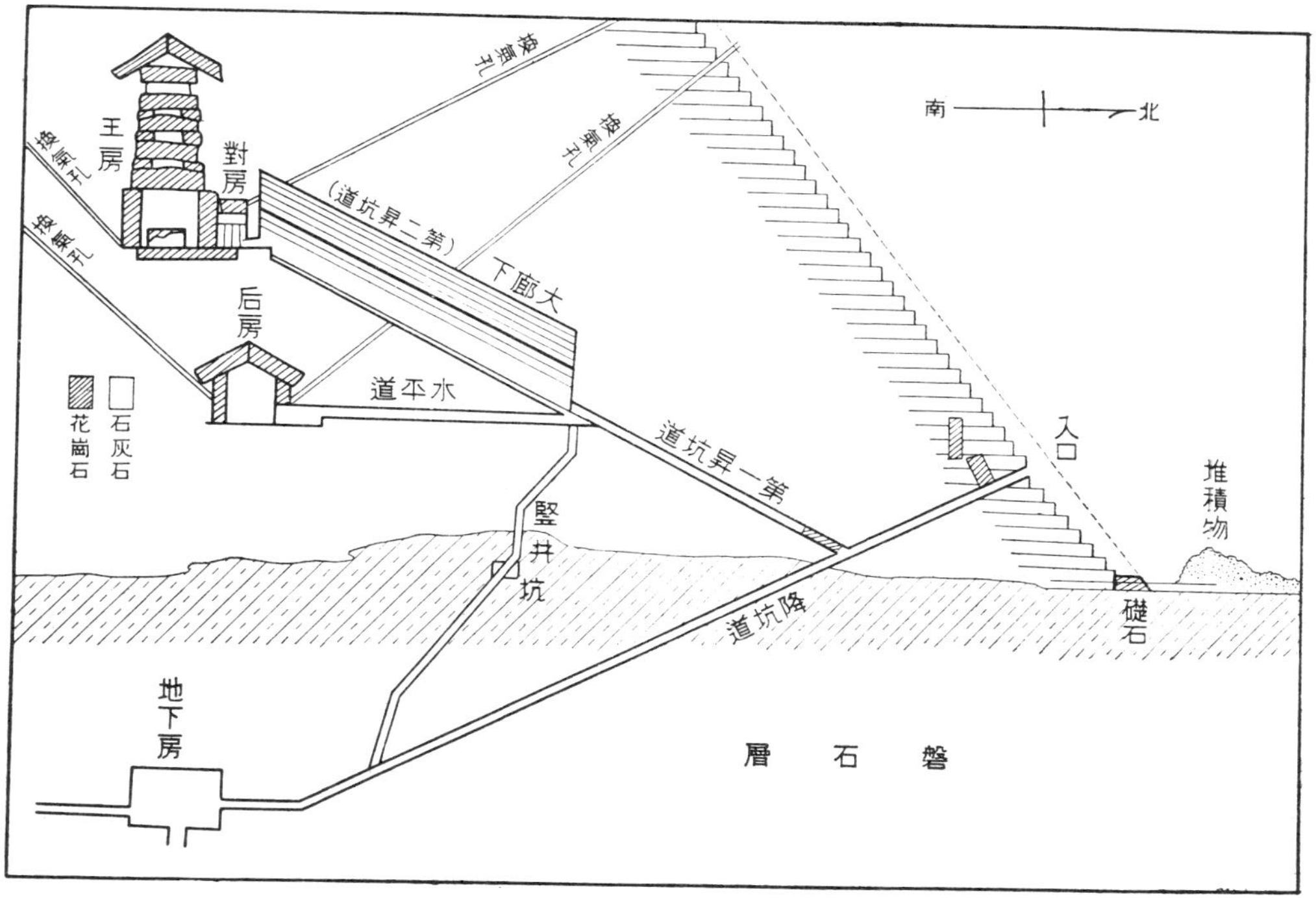

王房
對房
換氣孔
換氣孔
換氣孔
換氣孔
(第二昇坑道)
大廊下
后房
石灰石
花崗石
水平道
第一昇坑道
竪井坑
降坑道
地下房
盤石層
南
北
入口
礎石
堆積物

塔内の設計略圖

第三圖

大廊下より對房への入口

ピラミッドの正體

英國　モルトン・エドガア原著
日本　酒井勝軍譯述

第一章　譯者序説

金字塔又は尖塔と呼ばるゝピラミッドは、必ずしもエヂプト特有のものではなくして、地球上到るところに散見されるものではあるが、エヂプトやインドやメキシコに在るものは最も多く世に知られて居る。殊にエヂプトに在るものは、其大きさから言ふても亦其數から言ふても他の匹敵を許さないので、ピラミッドと云へば何人もエヂプトを連想するのは當然である。

此エヂプトのピラミッドは世界七不思議の一つであつて、大小合せて七十を算するが、ギゼのピラミッドは最も大きく亦最も古いと言はれて居る。そして本書に活躍するものは即ち此ギゼのピラミッドである。

カイロの郊外、ナイルの河畔に、雲漢に聳ゆる摩天嶺の如き此大ピラミッドは、在來の萬國史では舊世界時代の產物であつて、二十世紀の文化を脚下に冷笑し、正に四千年來全く不可解の建造物であつた。

高さを云へば約八十間、方錐體の一大石造建築で、其石材は三里半も遠方から運搬されたが、二十五間幅の大道路を敷設したり、又石材の運搬等に十萬人の勞役夫が十年を費したとの事である。そして此人數で三十年の長年月を費し、遂に此人造摩天嶺が出來上つたのであるが、試みに之に使用した石材の重量を測ると約六百八十萬噸で其積量は四十萬立方坪ほどあるから、高さ一間、幅二尺の石垣を青森から下關までの鐵道線路に沿ふて造ることが出來る。

尤も萬里の長城と較べると遜色はあるが、斯くばかり宏壯雄大な建造物が果して何の用を爲すのであらうかは疑問であつた。而して今日までの研究では單にエヂプト王の墳墓に外ならずと斷定されてあつたところが、十九世紀の物質文明が行詰つて、二十世紀に入ると共に精神文明が著しく其氣勢を揚げて來たことは衆目の視るところであつて、時恰も東に於ては日本の王政復古といふ一大奇蹟が歴史の上に出現し、殆んど同時に西に於ては猶太人のシオン運動といふ神秘極まる理想が事實化されたのである。

而して此二大史實は何れも聖書に豫言されて居る事で、一千二百六十年間民間に歸して居つた大政が朝廷に奉還されたといふが如きは、正に枯木に花が咲いたと同じき奇蹟であるが、又二千五百年間亡國の民であつた猶太人が、祖國に歸還したといふことも實に白骨が舞ひ歌ふたと同じき不思議で、日本には花咲爺の御伽話があり、猶太には白骨舞の御伽話がある。そして此等の御伽話は聖書に録された豫言にもあるが如く、神意に由つて作られたものであつて、兩民族は此等の御伽話で其國民性を訓育されたものであつたことを天地神明に感謝すべきである。

そこで當然起るべき世界大戰は起つた。之は聖書に所謂ハルマゲドンの序幕戰で、次いで天魔雨軍の決勝戰が近き將來に必ず演ぜられるのである。そして世界が統一されて、最後の優勝國が天下萬民を統治するわけであるが、何國が優勝するかは巳に定まつて居ることを忘れてはならぬ。ところが此ピラミッドは豈に圖らんや此邊の秘密を說明するがために建造されたものであつた。

元來ピラミッドといふ語はエヂプト語であらうと思はれたが、字義は高く聳ゆるといふことで、概して一種の天文臺の如く思はれて居つた。又原則として天體と或交涉を有つて居つたところを見ると、ピラミッドなるものは太陽禮拜所として造られたものらしく思はれる。現にメキシコのチョルラのピラミッドの如きは明かに其一例で、山のある所では山を其儘ピラミッドとして用ゆることが出來るが、山の無いところでは勢ひ之を建造する必要があつた。

併しながら、エヂプトに於てはピラミッドは國王の陵墓とのみ思はれ、又實際王陵として建造されたのであるが、之はバロ時代の變態でピラミッドを濫用したもので、元來は太陽禮拜所と見るべきである。

ところで此處に一つ注意して置くべきことは、今日の所謂宗敎といふものがまだ地上の人類生活に何等の關係を結ばれなかつた太古に於ては、但し太古といふても幾萬年も昔のことではない、卽ち宗敎なるものゝ出現は僅かに數千年前のことであるが、此宗敎が出現しなかつた以前の人類は、然らば如何にして人類至高の生活を營み得たかといふに、一般に彼等は人類としての十分なる發育をして居らぬ蠻人の如くに後世人から誤解されて居るが、實は彼等は現代人などの臆測を許さぬほどの宗敎性を發揮し、亦信仰道を體驗して居つたもので、宗敎などゝいふものゝ出現は要するに人類の淪落を暴露したものであるから、現代人を以て人類史上最高文化を滿喫し居るものゝ如く思考することは大なる誤である。

假りに思へ、人類史が從來の萬國史が示すが如く、僅かに六七千年乃至七八千年のものとは誰が信じ得るか。余は我皇統の萬世一系を信じ、亦我日本の天壤無窮を信ずるが故に、進化論の如き異端外道は無條件で否認すると共に、從來の萬國史は今日までの人類史の最後の一頁に過ぎぬものである事を信ずる。從つて我神武紀元の如きも、我日本史から見れば唯の一頁にしか過ぎぬものであることを信ずるから、ピラミッドを造つた民族は、現代人よりは人類として遙かに優秀なものであつたことを肯定したい。何故なれば彼等は神意のまゝに勞役したからである。

されば當時に於て、否其以前に於て世界萬民は太陽を神として崇拜した。而して此信仰からして地上に建てられた日の國を崇拜し、全地を統治した日の御子即ち日本の天皇を崇拜したので、天照日神に對する禮拜又は遙拜は全地球到るところに行はれて居つた。然るを後世の學者が之に對し、拜日敎又は拜火敎などゝ宗敎じみた名稱を附して彼等を極めて幼稚な人間の如く取扱つたのである。

尤も禮拜の對象として、或はジユピター、或はゼウス、或はオヂン、或はバアル、或はアメンラー、或はインドラなどゝ、種々雜多な偶像が作り出されては如何にも無智な淫祠らしく思はれるが、能く煎じ詰めて見ると何れも天照日神への奉仕に基づくことが見出されるのである。

言ふまでもなく歐米人を支配する基督敎も、亞細亞人を支配する回敎も、共に猶太敎から出身したものであるが、猶太語では日光の事をシエメシといふて、漢字の示と意義亦相通ずるもので、何れも日本語のシメ又はシメスを語根として居ると見るべきで、イスラエル民族は太陽を甚しく人化して居ることは、特に詩聖ダビデ王が詩篇第十九篇に左の如く歌ふたことを見ても分る。

神はかしこに帷幄《あげはり》を日のためにまうけたまへり。日は新郎《にひむこ》がいはひの殿《との》をいづるがごとく勇士《ますらを》がきそひはしるをよろこぶに似たり。そのいでたつや天の涯《はし》よりし、その運《めぐ》り行くや天のはてにいたる。物としてその和煦《あたゝまり》をかうむらざるはなし。

而して詩篇第八十九篇には、エズラ人エタンは『王位は日の如く恒に神の前にあらん』と聲明し、又第八十四篇には『そは神エホバは日なり盾なり』と言明したるなど、天の太陽と地上の王位とを如何に密接に結合せしめて居つたかを知るであらう。

更に箴言を繙くと、『義しき者の途は旭光の如し、いよ〳〵光輝をまして晝の正午にいたる』とソロモン王は天地人合一卽ちアーミンの大道を說示して居るが、古代のイスラエル民族は何國の風習に據つたともなく太陽崇拜の慣習があつたことは、ベトシエメス、エンシエメシ、ヘレス又はキルヘレスなどゝいふ名稱が彼等の間に傳はつて居るのを見ても明かである。

勿論猶太敎といふものが構成されてからは、神と人間とを天と地に全く離別してしまつたので、所謂一神敎といふやうなものが現はれたが、而も神を父とし、人を子とすることだけは如何ともすることが出來ず、神に對して『天に在す我等の父よ』と呼んで居る。而も此一神敎といふものは唯一位の神と斷ずべきものでなく、之は萬世一系即ち天津日嗣の皇祚を指したものであるのを間違ひたもので、然らざれば父子の關係など如何にしても生じ得ぬものである。

然らば何故爾か誤つたか、之は餘りに宗教の圏内に立入り本問題の枝葉になるから略するが、猶太教の神ヤーエ、即ち基督教の神エホバは『日なり盾なり』と聖書に明示されてある如く、平和神であり、亦軍神であつて、地上實在の王者と血緣を有せられて居るべき筈であるのに、日本の國が萬國史から忘却せられ、シオンは日本などゝは何人も思ふ者なく、メシヤが天皇に在し給ふなどゝは夢にも想像する者がなくなつた。つまり人間が淪落した。その結果神を天上に遠く敬遠したのである。

そこで舊約では世界の神政復古、即ちシオンの建設やメシヤの降臨に關する偉大なる豫言を幾度となく錄し、此大運動の勞役者としてイスラエル民族が特に選ばれたわけで、猶太人を神の選民と呼ぶ所以亦茲に存するのである。

而してイエス・キリストの出現も此大計畫の實現であつて、神と人とは別離すべきものでなく、神人即ち天地人合致すべきものであるといふので、イエスの降臨の時に天の萬軍が斯く合唱した。

いと高きところには榮光《えいくわう》神にあれ　（天）
地には平安《おだやか》　（地）
人には恩澤《めぐみ》あれ　（人）

即ち天地人合一の讃歌であるが、之を日本語でアーミンといふのである。日本ではアメノといふ語が今尙ほ存するが、之は（天の）が略されてあるけれども、實は天地人を合一した意義を含ますべきものである。

そして猶太敎でも、基督敎でも、亦回敎でもアーミンを常用して居るが、彼等は其本義を著しく誤つて使用して居る。であるから基督敎徒はイエスに對する認識を甚しく誤つて、人類の罪障を救濟するがために天降られたものゝ如く信じ、甚しきは不敬にも罪人の友であるの、貧民の友であるの、病人の友であるのと恰もイエスを社會運動の總裁の如くに誤解したのである。

之は基督教が義を慕ふ東方に向はず、利を重んずる方に西漸したために風化し俗化したもので、イエス・キリストといふ希臘語の名稱を日本語に譯してから日本人は基督教を信ずべきであつた。そしてイエスはイセで、キリストは天皇であるからイエス・キリストなどゝ申上げず、伊勢天皇と申上げたなら、我日本は今日の如く歐米化せずに濟んだのであつた。而もイエスの降臨と伊勢の皇太神宮は正に同じ年に地上の事實となつたのである。

余は右の如き見地に立ち、右の如き信念を抱いて、已に二十五年來シオンは日本なり、メシヤは天皇なりと說破して居つたが、一生の御奉公として前人未發の此神秘事實に關する研究を公にしたく、最終の裏書を探求すべく、七年前に遠く西亞細亞のパレステナに渡り、半歲を費して必要なる資料を蒐集し、歸來直ちに之を公表した。

此研究は約一千五百頁に亘るもので左の三冊を以て完成されて居る。

一、橄欖山上疑問之錦旗

二、神州天子國

三、天孫民族の足跡

然るに出發に際し、在京の有志が一夕送別の宴を開かれた時、列席の海軍大將山本英輔氏から一冊の珍書を贈られた。それは同大將が大正十五年九月一日カイロで求められたもので、書名は"THE GREAT PYRAMID"著者はMORTON EDGARといふ英國人で、千九百二十四年に出版されたものであるから、發行早々大將の慧眼に留まつたもので、余に取りては正に鬼に金棒ともいふべきほど有難い本であつた。

四十日の航海中、余は此書を耽讀した。而も此書に由りて余は大金山の本鑛脈に堀り當てたやうな力を得たのである。そしてピラミッドに對する四千年來の秘義が明かになつた爲めに、余の研究は著しく促進され、更にスフインクスの謎さへ之を解くことが出來たのである。而して此本の立證に由りて余はピラミッドは日本天皇の建築化なることを中外に大聲疾呼するの自由を得たのである。
曾つて世界大戰前に、英國の一婦人が一枚の紙を折りて、之に一刀を加へれば中央に殘りたる部分は十字架となり、殘餘の紙片を綴ると英語の HELL（地獄）となるばかりでなく、更に全部の紙片で漢字で日本となることを工夫した事があつた。（第四圖參照）
勿論之は工夫したとて出來るものではない。偶然に出來たものであらうが、東西南北を示す長方形の紙が、即ち此世界が神の一刀兩斷的審判を蒙つた時には此世界が二分せられて、中央には救はれたる天國が殘り、他は凡て亡ぼさるべき地獄となることは明かであつて、而も其地獄が英語で現はれたことは殊に面白いが、然らば全世界を統治すべきものは何者ぞといふに、それは漢字で日本と現はれるから更に面白いのである。而も英國の婦人が之を考案したのである。
然るに同じく英國人の研究で、四千年間堅く默して何をも語らなかつたピラミッド

第四圖

一刀兩斷正邪を分つ

半紙いをろの如く折り、次にはにと順に折り、之をほの如く五等分する線を引き、丙の所を折りて甲と乙との線を重ねたるところを剪で一刀兩斷するとちの如き斷片となる。

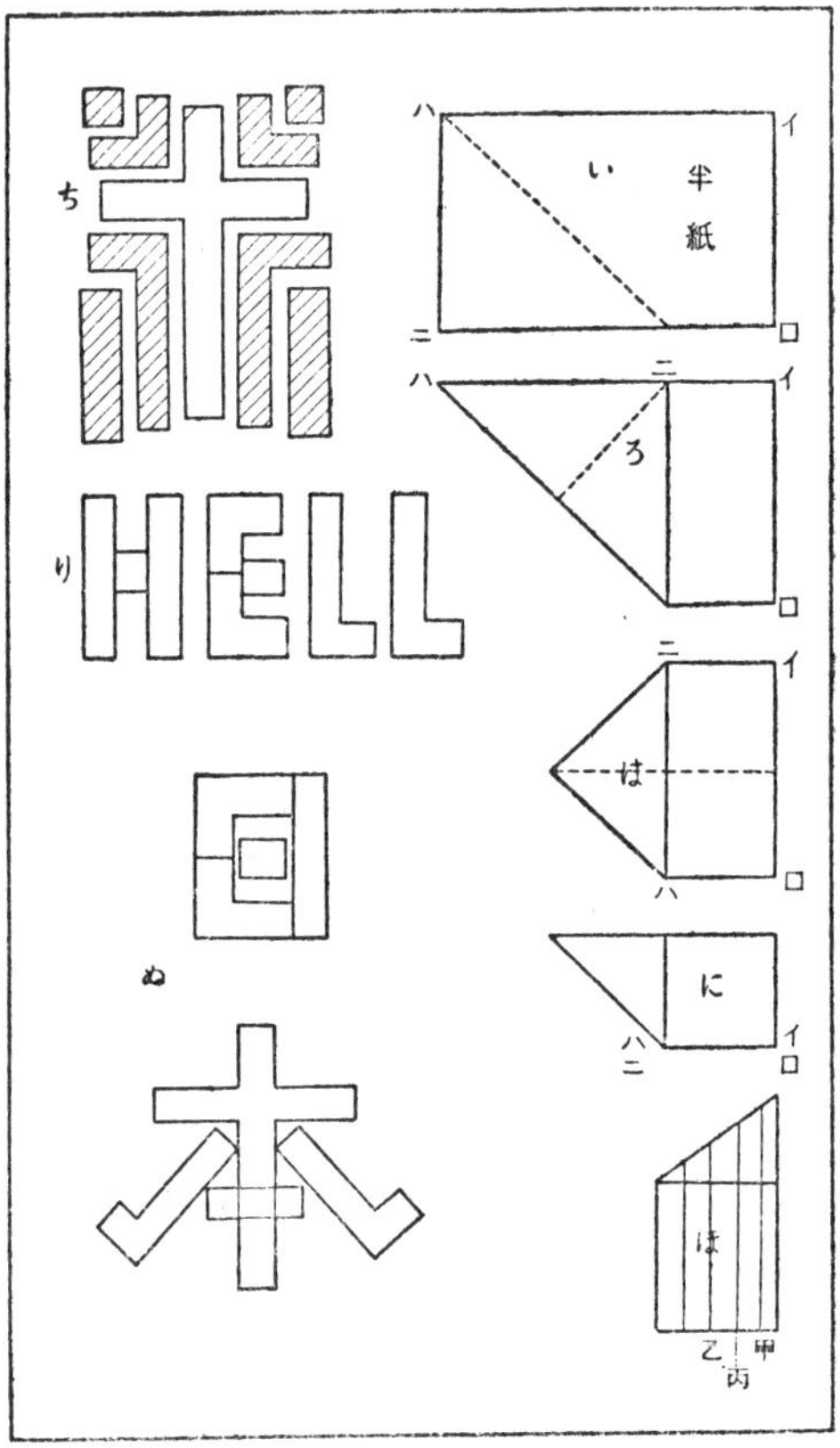

十字架の殘りの紙片で英語の HELL（地獄）が出來る。全部組直すと漢字で日本となる。

が遂に口を開いたのである。而して神秘極まる而も事實が彼の口から泉の如くに溢れ出でたが、キリストの所謂「石叫ぶべし」とは正に此事であらうと思ふ。

併し原書は極めて宗敎的であり、其說明は叉甚しく數學的であつて、一般人には嚙み切れぬところが多いから其大要だけを通俗的に譯述を試みた。以下「ピラミッドの正體」は凡てエドガァ氏の原著から譯出したものである。

第二章　ピラミツドの設計は神業なり

今日に至るまで四十一世紀に亘る長年月間、エヂプトのナイル河口、而も三角洲の起點に山の如く聳えて、語らず言はず絕對沈默を守つて居つたギゼの大ピラミッドの口は、時の力乎將た人の力乎忽然として開かれた。

而して今日まで全くパロの墳墓とのみ信じられて居つた此大建造物は、豈に圖らんや死苻の記念塔に非ずして、實は聖書を建築化したものであり、世界の三大宗敎である猶太教、基督教及回教等は此大建築を文字化したものであることを叫び出したのである。

此ピラミッドは世界七不議の第一に數へられて居るもので、實に人智人力の限りを盡した建築であるばかりでなく、更に神智靈覺湧いて泉の如き神秘的のものであつて、サイス師は之を「奇蹟の石」と呼んだが、最近の研究で其奇蹟の奇蹟たる所以が明かになつたものである。

されば此ピラミッドの前に立つて其無聲の叫びを聞いた人ならば、何人といへども之れ人間業の建築に非ず、神設計し、神監督し、人勞役して之を成したるに外ならずと感嘆せざるを得ぬのである。

此ピラミッドが建立されたのは、實にモーセが曠野に幕屋を建立せる約五百五十年前で、ソロモンの神殿以前約一千一百年、又アブラハムの生誕以前約四十年であるが、其時已に斯る奇蹟的建造物が地上に出現したことは抑も何を語るであらうか。

而して眞先に此點に着眼したのは英國ロンドンのテイラア John Taylor で、千八百五十九年に已に The Great Pyrmid : Why was it built? and who built it? (大ピラミッド誰が何の目的で建造したか) といふ著書を公表し、アブラハムの祖先、セム自身か或はメルキゼデクかゞ神意を奉承して建造したものであるとまで明言して居る。

而して此建造者は、マネソが邪推したやうにエヂプトを征服したのでなく、彼等の宗敎がエヂプト人の宗敎に超越して居つて、自然にエヂプト人を敎化したものであつた。勿論及に觙る必要はなかつたのである。であるから勞役者は、假令奴隷であつたとはいへ、不平や不滿や反抗の念があつては到底此偉大な建築が完成する筈はないから、勞役者は奉仕心に燃えて居つたものと思はれると彼は附說して居るが、其臨終近づくや、蘇國の天文學者スミス敎授 C. Piazzi Smyth を招き、此ピラミッドの科學的研究を進めるやう委囑したほど、彼は此研究を尋常一樣の學究とは思はなかつたのである。

そこでスミス教授は、千八百六十四年から翌年にかけて、極めて綿密な研究を遂げて Life and Work at the Great Pyramid と題する一書を刊行したが、次いで千八百八十一年にはペトリー教授 W. M. Flinders Petrie が其後を承けて The Pyramids and temples of Gizeh を著はしたが、之は主としてスミス教授の説を裏書したものであつた。

降つて千九百九年、本書の著者エドガアは、其兄弟のジョン Professor John Edgar を同伴してエヂプトに赴き、全ピラミッドの秘密を悉く數字に現はすまでの研究に沒頭したのである。

ナイル河の西方、卽ちサハラ沙漠のリビャン方面には、三十八個のピラミッドが現存して居るが、其内研究に値するものは七個ある。併し本書でピラミッドと稱するものは唯一のギザの大ピラミッドである。

此ピラミッドはカイロ新市街の西方約十マイルの高原に聳へて居るもので、一面沙漠とは云ふものゝ實は土臺は磐石である。そして此高原の北端絶壁上に建てられたものであるが、其底部の面積は約十三エーカー（約一萬六千坪）で之を一周すると半マイル程歩かねばならぬ。

スミス敎授は、此ピラミッドを各方面から觀察して、正に空前絶後の石造建築なりと激賞し、殊に其石と石との接合の如き殆んど間一髪ともいふべきほど密接し、又接合にセメントを使用して居るが、其使用法の如き全く感嘆の外はないのであるといふた。又ペトリー敎授も、斯る巨大な石材を唯積み重ねるといふだけでさへも至難の業であるに拘はらず、設計通りにキチンと接合せしめ、更に其間にセメントを使用した優秀な技術に到つては、後世の技術家を呆然たらしむるばかりであるといふた。

然り、全く不可解である。一間立方もある石面を、一吋の五十分の一ほどにも薄くセメントを使用して接合せしめ居るが如きは餘りに奇蹟的で、小さな石なら何んでもあるまいが、小さいのでも一噸、大きいのは十六噸もあるのであるから唯驚嘆の外はないのである。

思ふに此ピラミッドは、當初は半球形に造らるべきものであつたらしいが、それは不可能であるがために方錐體に改めたのであらう。而して何故に半球形を選んだかといふに、無論彼等は地球を以て圓球なりと信じ、圓徑と圓周との關係率についても知つて居つたから、半球底部の圓周を正方形に改め、圓の半徑を以て其高さとしたものでなければならぬ。

（譯者曰、舊約のヨブ記第二十六章には、神は北の天を虚空に張り地を物なき所に懸け給ふとあり、又神は地球の遙か上に座り、地にすむものを蝗の如く視たまふと舊約イザャ書第四十章に錄してあつて、地球の遙か上は地面に圓く、遙かに上にといふわけであるから、地球說や地球囘轉說などを遙かに後世の發見の如くに考へるのは大なる誤りである。）

而して此方錐體の一面である三角形は、何故に六十度の角を有する等邊三角形にしないで、其底角を態々五十一度五十一分十四秒などゝいふ面倒な角度に定めたかゞ第一の疑問であるが、之は半球の半圓徑を高とし、其半球の底邊の圓周を正方形に改むると自然に其角度が出るのであるから、偶然に造られたものでないことが明かである。

第三章　神秘の扉を開けるキユビツト尺

ピラミツドの現形は、其建造當時と大に異つて居ることは後に述べるが、大體に於て其本質を失つて居らぬことゝ思ふ。而して科學的研究として最初に發見されたもののうち、特に興味を惹起したことは、其高さが其底邊を圓周としたものゝ圓徑の二分の一に該當するといふことであつた。換言すると、其一底邊の長さを圓周にしたものの圓徑を二倍にしたものがピラミツドの高さであることが分つたが、之はジオン・テイラーの功に歸すべきである。

それからピラミツドを測量するに當り、建造者が使用した尺度はキユビツト尺であつたから、キユビツト尺で測量するを正當とすといふところに目をつけたのはスミス教授の偉大なる見識といはねばならぬ。

（譯者曰、キユビツト尺は古代イスラエル人の常用せるもので、一キユビツトは二十五に區分され、其一小區分をスミス教授はピラミツドインチと命名して居るが、キユビツトといふのは肘から中指の第二關節までの長さを指したもので、古代日本では之を尺度の單位として居つたのを、イスラエル人は之を襲用したものである。）

然るにキユビツトと英國のフートを比較すると殆んど同一で、英尺の一千吋がピラミツド吋で九百九十九となる。ニウトンがイスラエルのキユビツト尺を以て神聖尺度と呼んだのは深き理由のあることで、エヂプトのキユビツトは二十吋餘、希臘又は羅馬のキユビツトは十八吋餘である。

今地球の南北兩極に通ずる地軸の長さを算定すると七千八百九十九哩三となり、吋に換算すると五億五十萬五百吋となるから、ピラミツドのキユビツトに換算すると五億ピラミッド吋、卽ち二千萬キユビットとなので、地球の半徑卽ち地軸の二分の一は二億五千萬ピラミッド吋であり、又一千萬キユビットである。そこでスミス教授はピラミッドのキユビット尺は、明かに地軸から割出されたものであると力說した。

（譯者曰、今日我日本では何故にメートル法を强制して居るか、元來佛國のメートルは北極から赤道までの曲線的距離を一千萬分したものであるから、而もメートル制定當時の測量に違算があつたから、メートルの科學的價値はキユビットに比し遙かに劣るものであることは否めない。されば我當局も天地に通ずる直線的公道を以て萬機を決すべきで、曲線的邪道に據るべきものではない。現に神代日本では此キユビット、余は之を神尺と呼んで居る。已に此神尺を常用して居つたことを忘れ、否知らずに、誤つた外國の制度を借用するが如きは餘りに不見識であらう。假令法律で强制しても余は必ず失敗に歸することを今より斷言して憚らない。同時に政治も然りである。天地人を貫通する神政、卽ち天皇政治「テオクラシイ」に則らずして、外道である民衆政治「デモクラシイ」に據るが如きも同一の過失である。否過失でない罪惡であり、反逆であることを忘れてはならぬ。）

斯くの如くキユビツトは地軸と交渉あるものとすれば、之は偶然に合致したものでなく、當時の人間は今日に劣らぬ科學眼を有して居つたと信ずる外はない。よしんば今日の如き理論的進歩は無かつたとしても、實際的智識に優れて居つたことを否認するわけには行かぬ。

見よ、此キユビツトが如何にピラミツドに太陽暦を描き出すかを。

第一に此ピラミツドは東西南北に正しく直面し、其底邊は各邊共三百六十五キユビツト四分の一を示して居ることは全く驚嘆に値することで、更に驚嘆禁じ能はざることは、全邊の長は三百六十五キユビツト四分の一の四倍となるべき筈で、卽ち實測の結果一千四百六十一キユビツトとなる事で、之は四年毎に來るべき閏が一日自づから加はることを示したものでなくて何であらう。

ペトリー敎授の父ウイリヤム・ペトリーはテイラーの說を是認し、更に絕頂に在る頂角石を以て太陽を象徵したるものと斷じ、此高さは必ず地球と太陽間の距離を示すものであると說いた。そして高さ五千八百十三ピラミッド吋〇一を英吋に換算し、更に其數を哩に直して見ると九千一百八十三萬七千五百七十八哩となり、地球太陽間の測定距離約九千三百萬哩と大差なきものとなるから、兩者の測量が正しければ必ず其數字を同一にするであらう。併し之は兩者何れも實測不可能であるから、約百二十萬哩の差は何れを正しとするわけには行かないけれども、ピラミッドの高さは明かに地球から太陽までの距離を示したものと見て差支なきことゝ思はれる。

第四章　建築化されたる聖書以前の聖書

ピラミッドの北面に唯一個の入口がある。之は中央部より東に六間ほど寄つて居るが、それは誠に狹いもので屈んでゝなければ這入れない程度のものである。そして此

第五圖

内部設計の聖書的解釋

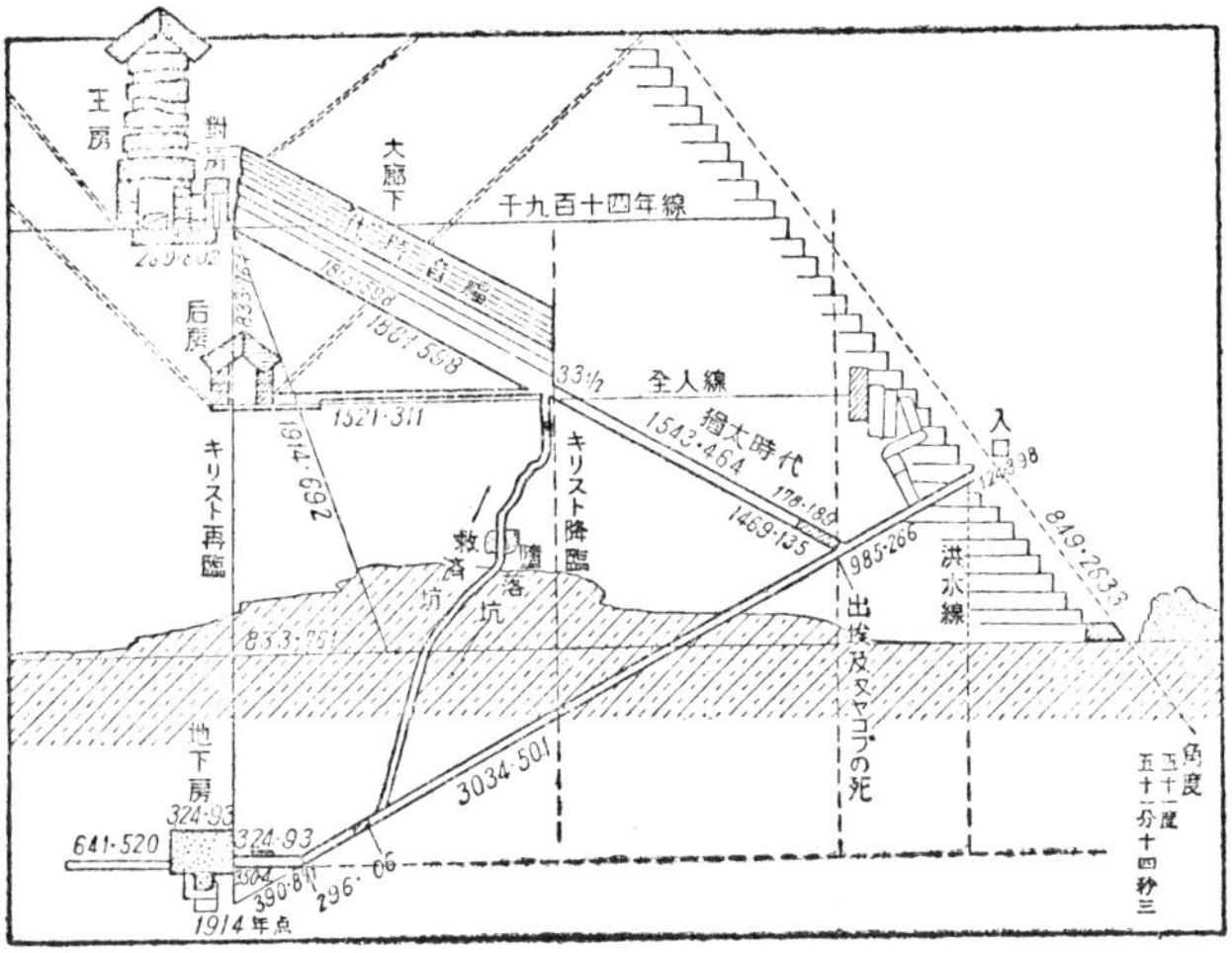

入口から二十六度十八分十秒の勾配で南方に通路が出來て居つて、そのまゝ降下すると遂にピラミッドの心髓ともいふべき所に達するが、其所には地下室の如きものがある。

それから此地下房の眞上に當るところに王房があるが、王房に行くには入口近くまで戻つて同じ勾配の上り道をたどる必要がある。そして其途中大廊下にはいるところで水平の横道があって、之は后房へ行くやうになつて居ること第二圖の如くである。

然るに此ピラミッドの右の如き構造は、一見王柩や女王柩などを安置したものらしく思はれるが、實は人生を圖解したもので、地下房は死(地獄)、王房は生(天國)を暗示し、個人の一生と併せて世界の大勢が之に由りて明かにせられて居る。そして聖書には之を說明すべき多くの明文があるが、それを一々引照することは多くの讀者には反つて煩はしきことであるから、餘りに宗教的にならぬやう譯述する考である。

圖に示すところに由りて讀者は大體の見當を得られたであらうが、此ピラミッドの北方の底邊が卽ち世界開闢、人間の始祖アダムの出現と見て、人類史の第一頁が之から始まるのである。

入口の所まではノア時代の大洪水以前で之を舊世界と呼び、入口から內部は現世界で、更に奥に未來の世界が現はれて居るが、面白いことには現世界は先づ下り坂になつて居る。實際その通りで、現代が進步したの向上したのと思ふは甚しき錯覺で、世界の人類は大勢といふものに乘らずに、流行を追ふて淪落に淪落を重ね、遂に取り返しのつかぬ地獄に投身せねばならぬことになる。

併し其途中で人生を大悟し、上方に向へる坂を見出して登り行く者は、向上に向上を積んで遂に王房に榮光の冠を受けるのであるが、終りまで忍ぶことの出來ぬ人は、半途で歩み易い水平道に進み入つて后房に落付くといふわけで、之は個人の一生であるが、今此圖にて世界の大勢を考察すると、今日までの萬國史が面白く之に當てはまつて來る。

卽ち通路が上下に岐れるところまでは族長時代、下り道は無宗敎無信仰の墮落で、所謂民衆政治「デモクラシイ」の横行であるが、之に反して上り道に進むと之が天地の公道ともいふべき信仰の通路であるから、此上下兩道の岐るゝところで、史上記念を要するヤコブの死と共に、神の選民イスラエル人のエヂプト脱出といふ大史實があつた。

そして愈々舊約時代となつたが、キリストの降誕で舊約が終つて道は又二つに分れた。一つは舊約と同勾配同角度の上り道で、一つは水平道である。そして此上り道は靈化時代で、水平道は新約時代となる。

（譯者曰、著者は新敎のクリスチャンであるから右の如き説明をしたが、譯者は此説明に同意し難い、若し譯者に説明さすれば上り道が新約時代で、水平道は僞新約時代である。今日の基督敎殊に新敎は、舊約と同角度に上らずに神學に禍され、個人主義に禍されて僞基督敎を造り出して橫道に迷ふたから、遂に今日の如き行詰りを見たのである。併し之は主要問題でないから余は此儘著者の説明に從つて尙ほ譯述を進めて行くことにする。）

而して又圖に見るが如く、ピラミッドの底部が人類の最低墮落を示した線とし、上つて女王座の線は其最高向上を示したるもので、尙上つて王房に達すれば其れは所謂神化したるを示したるを示した線となるから、橫にも縱にも深い意義が隱されてあつたのである。

（譯者曰、ピラミッドはバベル塔と同じく、洪水避難を目的として建てられたものであるなど〻眞しやかに言ふ人もあるが、ピラミッドは幾千幾萬人の避難用としては何等の價値がないことは實見者は何人も承認するであらうが、「再び斯くの如き洪水は有らず」と神が約束された以上、神に反抗してバベル塔の築造に熱狂した者等は、天災地變征服用としてバベル塔を築造したが、神意を奉體する神選民族がそんな不信的暴擧に出づる筈はない。併し大洪水は敎化上極めて有力な史實であるから、其敎訓が自然に此建造物に加味されて居る。見よ、萬々一ナイル河が異常に氾濫したと假定して、そしてピラミッドの入口にまで及んだとすれば、水のために亡ぼさる〻のは下り坂をたどつた者のみであつて、上り坂に進んだものは皆救はる〻わけである。）

それからピラミッドは全體として石灰岩で築かれてあるが、要所々々に花崗岩が使用されてあるのは、單に建築上の必要からばかりではなく、石灰岩は物質的世俗的のもの、花崗岩は心靈的神聖的のものといふ意味があつて、王房は全部花崗岩であり、地下房は全部石灰岩であるのは其爲である。

之は前に述ぶべきであつたが、丁度王房と后房に分るゝ通路の所から、一條の折線的孔道が下方に向つて地獄の少し前の所に通じて居るのが面白い。之は地獄への途中で救はれたものが上る道ともなれば、亦王房又は后房へ向上しつゝあつたものが滅びに落さるゝ道ともなる。實に周到な構造ではあるまいか。

それから王房に入るには大廊下の次に對房を通つてゞなければ行かれぬが、大廊下に於て信仰が義とせられ、對房に於て聖別さるゝといふ順を示して居る。そして王房の換氣孔が開かれると、后房の換氣孔は奇妙にも自然に塞がるやうに出來て居る。

第五章　神變不可思議なる數字的設計

而してピラミッドは鮮かに太陽と地球との關係を構成したもので、絶頂の太陽石が地上の東西南北を照らし、一日四キユビット即ち一百ピラミッド吋宛運行すると、三百六十五日四分の一でピラミッドを一週する事になる。而して此太陽石は即ちキリストである。然るに殘念ながら此太陽石と稱すべき絶頂の要石は、マホメット教徒等のために取り除かれて今は見るに由ないが、建設當時は太陽に因める巨大の赤色大理石が此頂角を占めて居つたことは確實で、キリストが磔刑に處せられたやうに此太陽石は取り除かれたのである。併し基督教徒の信ずるキリストの再臨や、猶太教徒の信ずるメシヤの降臨といふのは、實に此ピラミッドの頂上に再び太陽石が復舊さるゝ次第である。

(譯者曰、希臘語のキリスト、希伯來語のメシヤは共に日本語では天皇と譯すべきもので、此邊の詳細な消息は拙著「天皇禮讃のシオン運動」に就て參照を乞ふ。)

又ピラミッドの内部に在る王房といふものが、同樣に一年の日數を示して居るもので、王房は前述せる如く華麗に磨き上げた巨大な花崗石で、而も幾何學的に造られて居る。而して之が數學的研究を試みた人々は、第一にグリーブス敎授 John Greaves 次ぎに其弟子のスミス敎授、第三にペトリー敎授等で、何れも古代建築家が此王房の長を幅の二倍とし、高を床の對角線の二分の一に設計して居ることに注意した。且つ又、王房の床の長甲乙は四で、甲又は乙から天井への立體的對角線は五で、甲又は乙から天井への幅部平面的對角線は三であることが發見されたので、玆に直角三角形三四五の秘義が藏められて居ることが分つた。

それからエヂンバラのシムプソン氏 Mr. James Simpson は、王房の長の四分の一、即ち幅の二分の一を單位として測量すると、左の如き數的關係が現はれて來ることを發表した。今此單位を假りに甲と稱する。

甲×4の平方根＝幅

甲×5の平方根＝高

甲×9の平方根＝幅高面對角線

甲×16の平方根＝長

甲×20の平方根＝幅長面對角線

甲×21の平方根＝長高面對角線

甲×$\frac{25}{100}$の平方根＝立體的對角線

而して右の如き比率は、今日の高等數學の智識を體得した人でなければ現はし得ないものであるが、其れが極めて巧妙に建築に應用されて居るところを見ると、ピラミッドの建築技師の前に吾等は敬意を表せざるを得ないのである。次ぎに右の表から詳細な左の如き數字が出て來るが、原書にはコンマ以下十位まで算しあるも五位にて省略する。

幅　　　　　＝206.06584ピ吋

高　　　　　＝230.38861ピ吋

幅高面對角線＝309.09876ピ吋

長　　　　＝412.13168吋

幅長面對角線＝460.77723吋

長高面對角線＝472.15616吋

立體的對角線＝515.16460吋

此王房が示すところの數字は、不思議にも亦ピラミッド全體に示されて居って、一例を擧ぐれば王房の長が示す數字を圓徑と假定して其圓の面積を算出し、之と同面積の正方形の一邊を割り出すと、丁度其れがピラミッドの底部の一邊と同一であることが發見される。

それから内部の通路を見ると、通路の代表的ともいふべきは、王房に向へる上り坂で、若し王房の比率から計算すると、通路の勾配は二十六度十八分九秒七であるべき筈で、實際は一分乃至一分半ほど相違しては居るが、之は計算を誤ったのではなく、建築が設計通りに行かなかつたものと見たい。勿論斯る機微の數字を幾噸もある巨岩大石を以て正確に現はすことは、今日の科學の全力を傾倒したとて不可能である事は誰しも承認し得るところである。

讀者若し疑はゞ更に一例を檢證しやう。試みに王房の立體的對角線を一邊とする正方形を作つて其面積を求め、之に圓周率を乘じて一千で除すると、正確に王房前に通ずる大廊下全體の高さとなるのである。

卽ち此大廊下は別圖の如く、王房前の對房入口から后房へ引きたる垂線を以て高さとするもので、此垂線と直角をなす水平通路の長さは一千六百八十六ピラミッド吋七八八で、大廊下の坂路に當る斜邊は一千八百八十一ピ吋五九八であるから、對房入口から后房の床上に引いた垂線卽ち高は八百三十三ピ吋七六一であることが分る。

そこで王房の立體的對角線五百十五ピ吋一六四を一邊とする正方形の面積に、圓周率三・一四一六を乘じて一千で除すると、八百三十三ピラミッド吋七六一の數が出て來るのであるが、斯ることは到底偶然とは言ひ得ないばかりどの關係を檢討しても面白いほど正しい數字が出て來るのである。

第六章　基督降誕地と新舊兩約を豫言す

更に驚くべきことは、此直角三角形と全く同角度を有する一大直角三角形が、キリストの降誕地ベツレヘムと此ピラミッドと、ベツレヘムから赤道への垂線と、ピラミッドから赤道に並行して引いた直線と、交叉する點とを結合することに由つて形成せられる事である。

卽ち王房への大廊下の勾配は二十六度十八分九秒七であるから、對房から后房への垂線と此大廊下の勾配とが造る角度は六十三度四十一分五十秒餘となる。そしてピラミッドからベツレヘムへの勾配には、地圖の上で經度に對し正に二十六度十八分九秒七の角を造るから、ベツレヘムからの下り勾配は緯度に對し同じく六十三度四十一分五十秒餘となる。從つて此兩直角三角形は、互に關係を秘めたる宗敎圖形ともいふべきもので、而もキリストはベツレヘムに降誕せられ、ピラミッドの地點に避難されたことなど實に不思議な交渉ではあるまいか。

之に由つて見ると、此ピラミッドは二千年前已にキリストの降誕と其使命とを豫言したもので、而も其地點まで明示したに到つては實に驚くの外はない。

又王房の長さと同じ長さに此大廊下の一部を區分し、之を斜邊とする直角三角形の面積が示す數字は、正に后房への水平通路の長さの二十倍に該當する事や、又一年の日數に當る三六五・二四二ピラミッド吋を底邊とし、此上に王房の長さを示す四一二ピラミッド吋一三一に當る長さの等邊三角形を作ると、此等邊三角形の面積は后房への水平通路の長さの四十倍に當る事などが分ると、此ピラミッドは何處まで深遠な意義を秘藏して居るか到底想像を許さない事で、どの方面から考へても建築化せられたる聖書と言はざるを得ないのである。

それから又聖書では、舊約卽ちモーセの律法時代を月にて形容し、新約卽ちキリストの福音時代を太陽にて形容し居るが、今此王房への上り通路を詳細に觀察すると此等の關係が亦發見されるのである。

卽ち此上り通路は二區に分れて居つて、第一區は單に通路で、第二區は大廊下となつて居る。そして此第一區は月の時代で、第二區は太陽の時代となつて居るが、其關係を數字で示さう。

大廊下の長さ一八八一ピラミッド吋五九八五に正一ヶ月の日數二九日五三〇五八八七一五を乘じ、大廊下の特別數である三十六で除すると、上り通路第一區の長さ一五四三ピラミッド吋四六四二が正確に出るのであるから、前述せる如く王房と大廊下との數字的關係など照合すると、實に驚くばかり神妙に太陽と月との關係が此通路に發見されるのである。

ジョン・テイラーの偉大な研究で、ピラミッドは舊約のヨブ記第三十八章に左の如く引用されてあることが分つた。

我なんぢに問はん、汝われに答へよ、地の基を我が置《すゑ》たりし時なんぢは何處にありしや、汝もし穎悟《さとり》あらば言へ、なんぢ若し知らんには誰か度量を定めたりしや、誰が準繩《はかりなは》を地の上に張たりしや、其基は何の上に奠《おか》れたりしや、その隅石は誰が置たりしや、かの時には晨星《あけのほし》あひともに歌ひ、神の子等みな歡びて呼はりぬ。

之に加ふるに、此ピラミッドの底部の中心を起點とし、東北角と西北角とに向つて直線を地中海の海岸まで引き延ばし、第一圖の如く扇形を構成すると、三角洲全部が其中に包まれ、何かの秘密が此處にも在るのではないかと思はしめるが、米國水路學の泰斗ミッチエルが、千八百六十八年に此沿岸を測量し、三角洲の外周が餘りに規則正しく四半圓を描き居るのに驚嘆し、假りに之を圓周の一部として其圓心を測つたところが、それは實にピラミッドであつたので更に驚嘆したといふ事である。ところが舊約のイザヤ書第十九章十九節には左の如き明文がある。

その日エヂプトの地の中に、エホバをまつる一つの祭壇あり、其境にエホバを祭る一つの柱あらん。

されば乙そスミス教授は、是非ピラミッドを緯度の起點にすべきであると力說した。それほど此地點は神秘味を藏して居るが、又更にイエス降誕の地であるパレステナのベツレヘムと深き關係がある事で、聖書ではパレステナ方面を上界又は天國、エヂプト方面を下界又は陰府と呼んで居るが、イエスはパレステナのベツレヘムで降誕せられ、間もなくエヂプトに避難されたのは、つまり上界から下界に降られた事になる。而してイエスの一生は、悉くピラミッドに築き出されて居るのは神業に非ずして何であらう。

試みにピラミッドの內部の通路の勾配を測ると、二十六度十八分九秒七であるが、今ピラミッドからベツレヘムに直線を引き、又ピラミッドから東方に赤道に並行して一線を引くと、其間の角度は正に二十六度十八分九秒七となるばかりでなく、此兩地の距離を圓徑として大圓周を描くと、丁度それはピラミッド建造からイエスの降誕までの年數を一千倍したものになる。卽ち二百十三萬八千キユビツトで、ピラミツド建造後二千百三十八年目にイエスは降誕されて居るのである。

此大ピラミツドの建設は紀元前二千一百四十年で、キリストの降誕は紀元前二年といふことに一般に信ぜられて居るから、其間は正に二千一百三十八年である。

然るにピラミツドとベツレヘム間の距離は、二百三十三ピラミツド哩二六六であるから、之をピラミツドキユビツトに換算すると、六十八萬五百四十六キユビツト五となるが、之に圓周率を乘ずると、此大圓周の長さは二百十三萬八千キユビツトとなり、之を一千で除すると二千一百三十八といふ數が現はれ來る。尙ほピラミツドは三十年を要した大建造物であつたが、奇妙にもキリストも三十年で完成されたことなども決して偶然ではないと思ふ。

而して王房の寸法がピラミツドの寸法に比例するが如く、ピラミツドの寸法が、地球の寸法に比例することが發見されると、キユビツト尺なるものは如何に神聖であり完全であり合法的であるかゞ分るが、此大地球を掌中に收めて、ピラミッドに建築化せるに到つては全く驚嘆の至りである。

第七章　縱橫無盡に世界の大勢を豫示す

借て王房の內部の總面積の二分の一は九九八九一六五立方ピ吋〇六三四八餘であるが、之を一千萬と比較すると一〇八三四・九三六五一餘の不足となる。ところが此不足數を八で除して一千を減ずると、三五四・三六七〇六餘といふ數が殘るが、此數こそ實に月から見た一年の日數ではないか。

又王房の周圍は一二九四ピ吋七四九八六餘であるが十を減じて十を乘じ、又二を乘ずると二五六九四・九九七となる。そして此數は歲差卽北極圏の一周紀の年と一致して居る。

つゞいて王房の立體的對角線を圓徑として、此圓の面積を計ると七一五八七立方吋四一五五六九となるが、之を百九十六年間の日數七一五八七日四七〇九三と對照すると、其差僅かに一時間强に過ぎない。そして此百九十六といふ數は對房の長さと同じであつて、ピラミッドの脚部の周圍を吋に換算して二倍にすると正確に此百九十六年間日數が現はれるのである。

それから又王房の側面、卽ち高さと長さとの對角線四七二ピ吋一五六一六を三倍し、之に一を加へたる一四一七ピ吋四六八四九二で正方形を造ると、其一邊の長さは三五四ピ吋三六七一二三となり、月より見たる一年の日數三五四日三六七〇四と殆んど同一の數が算出される。而も此差は僅かに吋にすれば一吋の一萬分の五、時間にすると僅かに四十秒ほどの差である。

斯くの如くピラミッドの設計は、決して唯單に摩天嶺を造るといふわけのものではなく、實に神妙不可思議な暗示を秘めて精密に、亦巧妙に造られたものであることが分る以上、此ピラミッドは地球又は太陽と地文學的に及び天文學的に交渉があるばかりでなく、更に奥深く世界の大勢といふものと、宗教的にも亦政治的にも交渉が有り得ることゝ思はれるから、此方面に研究を進めて見やう。

大廊下の長さは一八八一ピ吋五九八であるが、若し之を王房の床まで延長すると一九一五ピ吋一八九となる。之が世界の大勢を示すところの西暦紀元の年數であるから、一千九百十五年には地上に之に該當すべき大事實が起つた筈である。

（譯者曰、世界統一神政復古の前兆として、二千六百年間流浪亡國の民であつたイスラエル人が、其祖國に歸還するといふことは、聖書に明かに豫言せられたことであつた。而して之を應驗すべき地上の一大事實は、言ふまでもなく世界大戰であつて、其結果猶太人は祖國パレステナに歸還する自由を得たのであることは衆知の事實である。）

第三圖に示す如く此大廊下から對房へ通ずるところに一の階段がある。此階段は極めて神秘的のものであつて、此階級の關係で一九一五の外に一八七五といふ數字が現

はれて來るから、一九一五年の世界大戰に先立つて、一八七五年にも之に匹敵した大事件があつた筈であるから、最近の歷史を回顧すると、イスラエル世界的一大活動を中外に示した時であるから、一千八百七十五年から一千九百十五年までの四十年間は、即ち二十六度十八分九秒の上り坂道を終つて、水平の王房へ達すべき一階段の時期で、キリストの四十日間の曠野の試練とも解せられ、亦世界的神政復古への大展開期とも解せられるのである。

（譯者曰、世界統一神政復古即ち永久の平和は、王房に達して始めて實現さるべきもので、今は已に水平道に到達しては居るが、まだ對房を通行して居るわけで、大廊下から對房へ入る前に高さ僅かに三尺ばかりの孔道がある如く、我等は世界大戰の孔道を潜つて今や對房に居るが、王房に入る前にモ一度孔道を潜らなければならぬやうに、我等は近き將來に天魔兩軍の大決戰があることを覺悟しなければならぬ。）

ところが面白いことは、上り坂の終點に右の如き神意が暗示されてある如く、下り坂の方にも同樣な神意が暗示されて居るではないか。

見よ、墮落し行く現世界を象徵した此下り道の全長は三九九六ピ吋四で、之に地下房への水平道三五〇ピ吋を加へると四三四六ピ吋となり、水平道へ曲らず下り勾配のまゝ進んで地下房からの垂線まで延長すると四三八七ピ吋となるが、今歷史を按ずると、人類の墮落を語るノアの大洪水は紀元前二千四百七十二年で終つて居るから、四三四六から二四七二を引くと一八七四となり、四三八七から二四七二を引くと一九一五となるので、此一八七四と一九一五といふ數字は前に述べた千八百七十四年及千九百十五年と一致するのみならず、地下房への水平道の長さと水平道へ曲る所からの延長線との差は四十ピ吋であることが特に注目すべきである。

（譯者曰、今我等が目擊する世界の動きは、全く此ピラミッドの暗示するものと一致して居つて、王房への動きは即ち大勢で神政復古であるが、地下房への動きは即ち流行で民政橫行である。而して神政即ちテオクラシイの復古が世界の大勢であるのを、不信不明の者等は此大勢を達觀せず、流行に眩暈して之を大勢と見誤りたる結果、猶も杓子も「共和は世界の大勢なり」などゝ狂號したのである。そこで眼前の問題は神政が復古するか、將た民政が益々横行するかであるが、世界の大勢は王房へ向つて居るのであるから、流行を追ふ者は悉く滅亡するけれども、大勢に順ふたものは凡て興隆するのである。而も此下り坂からは入口に當つて北極星が見へるがごとく、デモクラシイは星に指導せられるのであるが、上り坂の終點王房の頭上には太陽石が安置されて居るので、テオクラシイは太陽に操縦されて居る事が明かである。そこでデモクラシイ(民政)の宗家ともいふべき星條旗の米國と、テオクラシイ(神政又は皇政)の祖國ともいふべき日章旗の日本とが一は東半球に、他は西半球に各殘されて相對立したのであるから、日米親善などゝいふことは大勢に逆行することで、日米戰爭は避くべからざる已定の大勢であることを記憶すべきである。而も此日米戰爭、卽ち天魔兩軍の決戰は右の如くピラミッドにも豫言され、聖書にも豫言されて居るばかりでなく、已に目前の事實となつたのである。)

第八章　王房内の石櫃は文化の本體なり(其二)

王房に一の石櫃がある。之はピラミッド内唯一の動かし得る物體で、一個の石で造られ、長さ八九ピ吋七八四、幅三八ピ吋六八八、高さ四一ピ吋二一三、又内部寸法は長さ七七ピ吋八〇一、幅二六ピ吋七〇五、深さ三四ピ吋二九三であるから、厚さは大抵七吋である。

勿論此石櫃はピラミッド落成後に入れたものでないことは明かであつて、東南角の所が缺損して居るけれども、大體完全と見てよろしい。

そして一見靈柩の如く思はれるから、從來は此石櫃こそピラミッドはバロの墳墓なる事を立證するものなりと力說したが、實測の結果靈柩ではなくして、正に度量衡を制定すべき基本體であることが分つた。

先づ第一に王房の構造を見ると、其四周の壁は五層になつて居つて、第四層までは各層平均二十三個四分の一の石材が使用されて居るから、全部で九十三個になるわけで、之に第五層のみは七個であるから總計一百個となるが、二十三個四分の一といふ數は或は二十三度半の角度を示し、四層は春夏秋冬を示したものではあるまいか。

そして五層の五と、七個の七とは五コンマ七となつて、地球の平均密度が華氏六十八度で、蒸溜水と比較し五コンマ七倍重きことを示して居るが、此王房の温度は正に華氏六十八度で、亦壓力は通風の關係で三〇ピ吋となつて居るのが不思議ではないか。

而も此六十八度は、氷點からは丁度五分の一上で、沸騰點からは丁度五分の四下であるので、五といふ數は此王房では神聖數字となつて居るのである。

以上はスミス教授の研究に由つたものであるが、同教授は更に第一層の石材を數へて、東に五個、西に五個、南に七個、北に十個あることを知つた。そして五立方ピ吋の地球の平均密度の重量は一ピラミッド封度と同一であることを發見した。であるから一ピ封度は蒸溜水の二十八半立方ピ吋で、之を五で除して一立方ピ吋の地球の平均密度の重量を計算すると五コンマ七となるのである。

そこで石櫃の容積を吟味すると七萬一千二百五十立方ピ吋であるから、之を二八•五で除すと二萬五千になる。今蒸溜水を此石櫃に滿たして、其重量を計算すれば正に二萬五千ピ封度であるが、二萬五千ピ封度は一ピ噸であるから面白い。

であるから、華氏六十八度で氣壓三十ピ吋の時に、卽ち氷點上五分の一、沸騰點下五分の四で、此石櫃には丁度一ピ噸の蒸溜水を容れ得るといふわけで、實に微妙な設計ではないか。

それに蒸溜水一ピ封度の量は一パイントであるから、パイントと封度の關係が分つて來る。斯く考へるとアングロサクソン人とピラミッドとは極めて密接な關係があつたことが明かであるから、英語を使用する人民はヘブライ民族に負ふところ甚大であることを忘れてはならぬ。

（譯者曰、原著者をはじめ此ピラミッド研究者は異口同音に、世界統一神政復古に當り必ずピラミッド尺法が復活すべきを斷言して居る。何んぞ知らん、此ピラミッド尺法は我神代日本の尺法であつたのであるから、ピラミッドと日本とは然らば如何なる交渉を有するかの詳細は、拙著「天皇禮讃のシオン運動」に就き一讀せられたい。同時に邪法であるメートル尺については更に考慮すべきものと思ふ。）

メートルとキユビットの比較については已に略述したが、著者は特に之を力說して居る。曰く、人類の常用すべき度量衡は神の造り給へるものに準ずべきであるから、地球の重さと大きさに則るのが當然であるのに、佛國の學者等が聖書を無視し、事實を無視してメートル制を敢行したのは寧ろ罪惡であり外道である。

されぱサー・ジョン・ヘルシエル Sir John Herschel や、スミス敎授其他多數の權威者がメートル制に極力反對し、之を特に英米に於て採用することに全力を擧げて反對したのである。勿論十進法は是認するが、メートルが全然誤つた基準に據つたものであるから反對したのである。

然るに英米にも輕薄なる外國崇拜者が多いのは遺憾であるが、濁流滔々たる中にあつて、米國オハヨ州鐵道技師長チャールス・ラテマー Charles Latimer は、メートル文化と英米文化とを比較して我等は何等遜色を見ないばかりか、メートル文化は事實に於て衰退して居るではないかと喝破し、更にメートル制は無限地獄から輸入したものであるから、之を採用すれば米國は地獄化すべしとまで極論した。

（譯者曰、度量衡は須らく天地の公道に卽すべきで、單に便宜や方便で定むべきでない。見よピラミッドを、ピラミッドにはメートルなし凡てキユビットである。我當局に果して絕對不變の見識ありや。）

又此石櫃の內部の長さと、深さとの面積を五十倍すると、ピラミッドの底部の面積と同數字が出て來る。尤も石櫃の方は吋で、ピラミッドの方はキユビットであるが、之と同樣に石櫃の內部の深さを四倍した長さを一邊とする正方形の面積は、一八八一・

六〇七六となるが、大廊下の長さは同じく一八八一・五九八五であるから全く同一といふて差支はない。

次ぎに此石櫃の内部の深さを五十倍して十分の一を減ずると、一五四三・一八一六といふ數になるが、上り坂の大廊下までの長さは一五四三・四六四二で之も殆んど同一といふてよろしい。

そればかりではない。石櫃の外面の長さと幅と高さとの和を五倍すれば、八四八・四二三となるが、此數は王房の長さと高さと幅との和八四八・五八六に一致する。

若し夫れ石櫃の外面を測量繩で量れば、二五六ピ吋九四三餘になるが、之を一百倍した二五六九四・三一七一といふ數は、ピラミッドの千九百十四年線に該當する所の四邊の和二五六九四ピ吋三五二九に一致するので、此千九百十四年線は前に述べた如く、大廊下から王房へ這入る水平道との角にある石段邊に當るところであるから、ピラミッドの示す數字は愈々神秘的のものであることが承認される。併しメートルではこんな數字は少しも出ないのである。

更に石櫃の四方及上下合せて六方の外面積を調べると、一七五三六平方ピ吋四九七一であるが、之に一ピ吋と一キユビツトと十キユビツトを加へると、一七八一二ピ吋四九七一といふ數になる。ところが石櫃の內容積は七一二五〇立方ピ吋であるから、此四分の一は正に一七八一二立方ピ吋五となつて、全く同一の數であるのを見ても、ピラミツドのキユビツト尺が如何に地球上の尺度として權威を有するものであるかゞ明かではないか。

又石櫃の內外各面積から一ピ吋宛を減じた總數は九一三一・〇四六一となるが、ピラミツドの庭邊九一三一ピ吋〇五四九と合致する。

又石櫃の外面積の幅三八ピ吋六八七を一百倍したるものと、五十倍したるものとの和に、更に十を加へたるものは五八一三ピ吋一四一五であるが、ピラミツドの高さは五八一三ピ吋〇一ではないか。

それから石櫃の上又は底の外部面積を八分し、之に七を乘じ五を減ずると三〇三四立方ピ吋三三六五となるが、地下房への下り坂の長さは三〇三四ピ吋五〇一であつて之れ亦符合して居る。

然るに此下り坂の完全延長を計ると四五三五ピ吋〇三〇六であるが、今石櫃の容積七一二五〇立方ピ吋から七を減じたるものは七一二四三で、石櫃の内部總面積に七を加へたものは六六七〇七・九三一八であるから、其差は四五三五・〇六八一となつて、實に能く下り坂の完全延長と相等しくなるのである。

そして后房への水平道は石櫃の何處に示されてあるかといふに、卽ち内部の深さと幅とで成る側面の對角線である。此對角線の長さは四三ピ吋四六四五であるから、之に五を乘じ、更に七を乘ずると一五二一ピ吋二五七となるが、右の水平道の長さは一五二一ピ吋三一一である。

斯くの如くピラミッドは凡て數で天地の公道を示したもので、讀者若し研究を進め行かば限りなく數的關係を發見するであらう。

第九章　王房内の石櫃は文化の本體なり（其二）

ニウトンは地球の比重を五乃至六と假定したが、千八百五十五年にクラークは五・三一六なりと主張し、エヤリーは六・五六五なりと力説した。然るにベイリーは五・六七五なりと駁し、更に千八百七十八年に於てポインテングは五・六九なりと斷定したが、勿論之は最も正鵠を得たものと言ひ得る。ところでピラミッドの示すところはスミス教授の説に由れば五・七である。實に驚くべきことではあるまいか。

前述せる如く石櫃に滿たした蒸溜水の重量は、華氏六十八度氣壓三〇ピ吋の時に正壹ピ噸である。そして其二千五百分の一ピ封度で、二千五百萬分の一は一グレンであるから、舊サキソンの度量衡は必ず此ピラミッドに基準したものであらう。それは次の表を見れば明かである。

ピラミッド噸	ピラミッド封度	地球密度立方吋	蒸溜水立方吋	斤名
1	2.500.	12.500.	71.250.	トン
4	625.	3.125.	17.815.	クオター
10	250.	1.250.	7.125.	ウエー
25	100.	500.	2.850.	
250	10.	50.	285.	ストーン
2.500	1.	5.	28.5	ポンド
25.000	.1	.5	2.85	オンス
250.000	.01	.05	.285	ドラム
25.000.000	.0001	.0005	.00285	グレーン

右の如き数字からして地球の容積や、重量までが容易に算出される。即ちピラミッ

ドの底邊を圓周とすると、其圓徑の二分の一卽ち半徑は正にピラミッドの高さであることは屢々述べた如くであるが、此ピラミッドは前述せる如く、當初は地球の半球を縮圖として設計されたものであるから、半球が方錐體に變更されても、其容積にも、其重量にも何等の差がないやうに建造されて居る。

ヌミス教授の最も信じ得べき測量に由れば、ピラミッドの底邊以上の總重量は約五百二十七萬三千ピ噸であるが、之を十五位まで十倍して英噸に換算すると、五、四九二、〇〇〇、〇〇〇、〇〇〇、〇〇〇、〇〇〇噸となつて、約六、六六〇、〇〇〇、〇〇〇、〇〇〇、〇〇〇、〇〇〇、〇〇〇噸といふ學說に近く符合する。而も地球の實測は絕對不可能であることは言ふまでもないが、ピラミッドの實測も亦不可能であるから、若しピラミッドを實測し、又地球を實測すれば兩者が示す數字は或は同一であるかも知れぬ。

そこで地球を一大ピラミッドと假定して見ると、其底邊の長さは約一萬ピ哩となるから、此底邊の自乘に容積率〇•二一二二〇六餘を乘ずれば、地球の容積が出て來るのであるが、此一萬ピ哩をキユビツトに換算すると、二千九百十七萬九千六百七十五キユビツト强となる。そして此自乘に右の率を乘ずると五、二七二、三〇一、六三〇、四〇〇、〇〇〇、〇〇〇、〇〇〇となるが、之が地球の容積を立方ピキユビツトで示したものである。

之を以て見ると、ピラミツドに於ては容積と、重量と如何に密接なる關係を有するかゞ明かであるが、スミス敎授は其計算法につき左の如く述べて居る。

其一、與へられた長さから重量を測る。

少量のものは立方吋の容積を求め、五で割ればピ封度で重量が出る。

大量のものは立方ピ尺の容積を求め、四分の一を加へるとピ噸で重量が出る。

其二、與へられた重量から長さを測る。

小さい物は封度重量に五を乘ずれば立方吋が出る。

大きい物は噸量の數から五分の一を減ずれば、殘り五分の四はキユビツトの數である。

されば前述せる如く、ピラミツドの底邊以上の全容積は、正確に示せば一千三十三萬九千五百五十二立方キユビツトであるが、地球の容積と比較すると、恰も大厦高樓の一煉瓦位のものであるとはいへ、此兩者の關係は實に驚くべきものといはねばならぬ。即ち地球の容積を一千億分の一にしたものが四二、一七八、四一三、〇四三・二であつて、それでも尙ほピラミツドの四〇七九・三二七倍、即ち四千七十九個のピラミツドに該當するのである。

ところが面白い事には、此四〇七九・三二七といふ數に、ピラミツドの基數十を加へて四〇八九・三二七とし、之を半徑として圓を畫くと、其圓周は二五六九四となつて歲差の數と全く同一になる。

而して地球の圓徑は、兩極を通ずる地軸では七千八百九十九哩餘で、赤道に於ては七千九百二十六哩餘であるから、平均七千九百十七哩餘と見てよろしい。然るにピラミッドで地球の平均圓徑を測量すると、七千九百十七哩となつて全く同一で、唯コンマ以下で一哩の百分の十八だけの差があるばかりである。

であるから已に述べた通り、石櫃は度量衡の基本たるべきもので、此石櫃の內容積と、全容積とを比較して見ると、正に二と一との比を示して居るのを見ても、此石櫃は無意義に造られたものでないことが分る。

卽ち王房の立體對角線の十分の一を直徑とする一の球體の容積を測ると、七一、五八七立方吋四一五六となるが、之より十を減じて二倍すると石櫃の全容積一四三、一五五・〇七二七と合致する。

又石櫃の何れの寸法を以てしても差支はないが、今假りに其內部の幅を以て一の矩形を造る。卽ち幅は二六・七〇五であるが、之を十倍したものを矩形の幅とし、之に一を加へたものを其長さとして面積を計ると、七一、五八二・八八二〇となつて、先きに述べた球體の容積と同一であるから、其直徑を十倍したものは卽ち王房の立體的對角線となる。

翻つてピラミッドの底邊の全長をピ吋で示すと、實に一百年分の日數が出るのであるが、若し試みに對房の長さと同寸法だけ底邊から上の方で、ピラミッドの四邊の長さを計ると、それは三五、七九三・七三五四となるのであるが、之は九十八年分の日數に當る。そこで之から例の基數五を引くと三五、七八八・七三五四となつて、石櫃の全容積の四分の一に該當するから妙である。

更に妙哉を叫ぶべきことは、此石櫃の外部水平面積から一ピ吋を減ずると、三、四七二・五二七四となる。

次ぎに之に十年間の日數を加へると七、一二四・九四九四となる。

之に十を乘じたるものは七一、二四九・四九四二となるが、石櫃の內部容積七一、二五〇と比較すると、僅かに二分の一の差に過ぎぬから之も同一と見て然るべきであらう。

然るところトレーシー少佐 Major Tracey は、對房內の花崗石架二個の內、下の石架の容積は、石櫃の容積の四分の一に當ることを發見した。そして英噸の四分の一であるクォーターが之から由來したことを始めて知つたのである。

其後種々な人々に由つて此研究が進んだ結果、ヒクソン牧師 Rev. C. W. Hickson は全花崗石架の總容積は、圓周率に一萬を乘じたるものであると發表した。

而して對房內に在る花崗石架は五個であるが、厚さ何れも五ピ吋であるのは、五枚で二十五ピ吋、即ち一キユビットとなることを示したものと解される。而も上部石架には明かに二十五ピ吋を示す浮彫さへ見受けるのである。

又石櫃の外面の幅を一邊とする正方形の面積を求め、七十を加へて七を乘ずると四〇五、八二四・六六五一となるが、之から十分の一を減ずると三六五、二四二・一九八六となる。即ち一千年間の日數に該當することを記憶して置かう。

それから石櫃の內外兩面積の和から十を減じ、七十で除すると王房の長さが出る。

即ち兩面積の和は一四、四二九平方吋七六七二あるから、之から十を減じ七十で除すると王房の幅二〇六・〇六五八に對し二〇五・九九六六となり、又兩面積の和から五を減じ、更に五と七とを乘じたる三十五で之を除すると四一二・一三六二となつて、王房の長さ四一二、一三二一六となつて、其差僅かに一吋の二百分の一にしか過ぎぬから、之も同一と見て差支ないと思ふ。

（譯者曰、此外石櫃が有する數字は縱横無盡に其關係を示すのであるが、王房はピラミッドの至聖所である如くに、石櫃は契約の櫃ともいふべきものである。）

第十章　王房内の石櫃は文化の本體なり（其三）

而して石櫃は以上の如く太陽や、地球と密接なる交渉を有するばかりでなく、亦度量衡の基本であることをも述べたが、更に世界の大勢を暗示して居ることを附加へたい。

要するにピラミッド自身は猶太教であり、内部の構成は基督教であるので、從つて世界の大勢は數字を以て豫言されて居る。

試みに石櫃の內容の二分の一を求めると、之は已に述べた如く一年の日數に當るが、其十分の一から千九百十五年を引いて見ると、千六百四十七といふ數が出るが、基督教が一の宗教として歐羅巴方面に活躍したのは、使徒パウロの功に歸すべきである以上、モーセ卽ち猶太教の發祥以來パウロまで實に千六百四十七年で、此一六四七といふ數は第一昇坑道の長さである。

此千九百十五年は史上特筆すべき年で、世界統一神政復古の第一歩として、猶太人が其祖國に歸還した年であるが、石櫃の外側の幅を五十倍して、其百分の一を減ずると一九一五といふ數が出る。

それから石櫃の內部の高さと幅を乘じたるものを或圓の圓周と假定し、其直徑を求めると二千九百十五といふ數字が出る。之は千九百十五に一千を加へたもので、此一千はミレニアム即ち千年王國の事であるから、此世界は已に千年王國に移つて居ることが分る。

又石櫃の外側の長さと、高さで出來てる側面の對角線を一邊とする立方體の容積を計ると、九六四、一七〇・五七一六となるが、之を二倍した上で又十倍し、其結果から十を減ずると、一九、二八三、四〇一・四三三二となる。之が一年の日數の自乘と千九百十五を一萬倍したものとの和と同じである。

それから石櫃の内面、六方の面積は一一、三二三・〇三七三であるが、今試みに之からキリストの一生涯、即ち三十三年半を引き、之を六で割つて平均すると一八八一・五九九五となり、大廊下の長さ一八八一・五九八五と同一となる。而も其差は一吋の百分の一にもならぬのである。そこで之をば逆に計算する方法もあるが、三十三半といふ數は此大廊下の上部にも劃定しあり、又ピラミッドの下から入口まで三十三キユビット二分の一であるから此處にも示されてあつて、キリストの出現が如何にピラミッドに由つて豫言されてあるかゞ現はれるのではないか。

尚ほ驚くことは、世界統一の千年王國に最も重要な役目を演ずる十四萬四千といふ數が示されてある事で、卽ち石櫃の外面の長さ(八九・七八三)を邊とする立方體の容積を求めると、七二三、七六三・一九七〇となるが、之から大廊下の長さを二倍した三、七六三・一九六を引き、それを五で割ると十四萬四千となる。

(譯者曰、十四萬四千といふ數は、世界統一神政復古の錦旗聯隊ともいふべきもので、默示錄第十四章に錄されあつて、卽ち之がために特に神が選び給ふた民族、卽ちイスラエル十二支族を指したものであるから、其一支族である猶太人がシオン運動を起した由來も之で明かになる。然らば之に對して日本の立場はどうなるかといふに、其第一節に「見よ小羊シオンの山に立てり」とある。小羊はキリストであるが、キリストはギリシヤ語で、ヘブライ語ではメシヤとなり、日本語ではスメラミカドである。此スメラミカドがシオンの山に立つとあるのは、日本を治め給ふといふ意義で、日本に於ける天皇政治復興を示したものであることを日本臣民は感謝すべきである。）

然るに此十四萬四千の數については、ピラミッドは愈々深遠神奥の暗示を次の如く與へて居つたのである。

石櫃の全容積は七一、二五〇立方ピ吋であるから、其三分の二は四七、五〇〇立方ピ吋である。今十四萬四千平方ピ吋の面積を有する一正方形を描き、其一邊を弦とする直角三角形を作り、第六圖の如く第二の面積を、千九百十五を五十倍した九五、七五〇平方ピ吋の面積を有する如く作ると、ユークリッドの方則に由つて第三の面積は自づから四八、二五〇平方ピ吋の面積を有する正方形になる。

そこで第二及第三の面積を加へると、十四萬四千となることは勿論であるが、此第二と第三との面積の差は四七、五〇〇で、正に石櫃の全容積の三分の二と同じである。それから此四、七五〇〇の二分の一を加へると七一、二五〇となつて石櫃の全容積が出る。されば石櫃が十四萬四千や千九百十五といふ神秘史實の數と、右の如く交渉が結ばれて居ることは全く人爲ではない。

而も此上右の如き神秘味津々たる直角三角形各邊の長さを吟味すると、次から次へと左の如き數的關係が現はれて來るのである。

先づ第七圖第一線の長さ三〇九・四三四九を六倍して一キユビツト、卽ち二十五ピ吋を加へると一八八一・六〇九八となつて大廊下の長さが出る。

第一線から第五線までの長さの和一六六七・五一三七を二で割ると、八三三・七五六八となつて大廊下の高さが出る。

第二線を五倍したものに、其二分の一を加へると、一六四七・四四一一となつて第一上り坂路の全延長が出る。

次ぎに第六圖の第一から第九までの線の全長を三倍して、圓周率を乘じ、五を加へると二五六九四・一二九となつて歲差の年數が出る。

第六圖

神秘的直角三角形(其一)

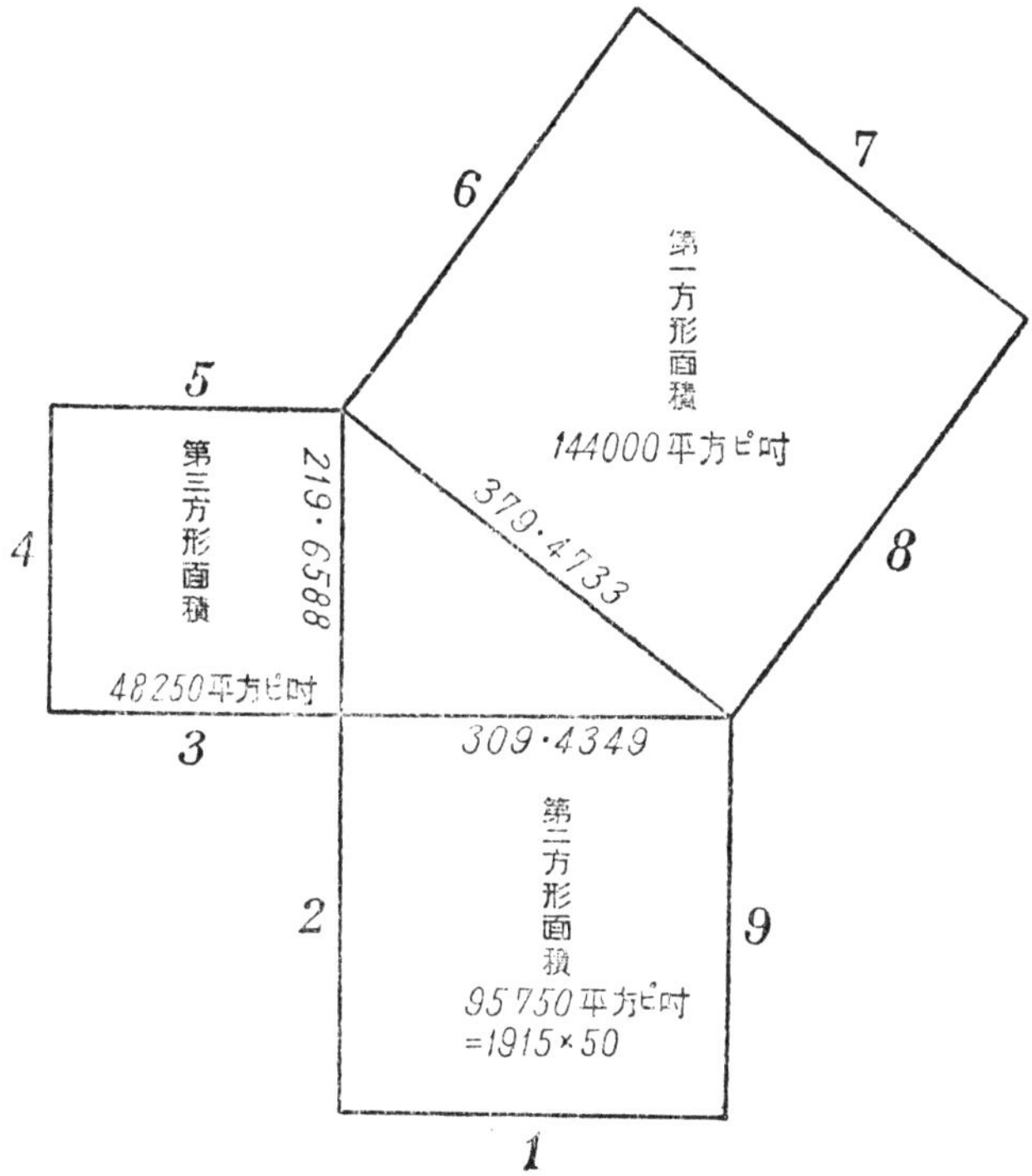

第七圖

神秘的直角三角形(其二)

先きに述べた如く王房の壁は、同一寸法の五段の花崗石で築かれてあるが、其一段の高さは四二ピ吋一九四〇で、石櫃の高さは四一ピ吋二一三一で、其差僅かに一ピ吋未滿であるから殆んど同高といふてもよろしいが、誤つて此差が生じたわけではなく、此差が亦大

なる意義を秘めて居ったのである。

元來此石櫃は王房の西半部に安置されてあるが、王房の平面積の二分の一を求めると四二、四六三平方ピ吋一三二〇で、第一壁段と石櫃との高さの差〇ピ吋九八〇八を之に乘ずると四一、六五〇・〇〇六四となるから、又之に七を掛けると二九一、五五〇・〇四四九となる。然るに此數は二千九百十五年を百倍して王房の神秘數五十を加へたものと全く相同じになる。從つて石櫃の高さが一ピ吋未滿低くなつて居るのは偶然でなかつたのである。

それから王房の第一壁だけの高さの容積を求めると、三、五八三、三八〇立方ピ吋四六九八で、之を百で割つて十を引くと三五、八二三・八〇四六となるが、之に一百年の日數から十を引いた三五、四二六・七〇六四を加へると、七一、二五〇・五一一一となる。即ち石櫃の容積が出るのである。

然るに更に驚くべきことはピラミッドと氣温との交渉である。

第十一章　王房は理想的測候所なり

時計は氣温の影響を蒙ること少くないので、グリニッチ天文臺の親時計は地下深くに置かれ、巴里天文臺の時計の如きは九十五呎も深く地中に置かれてあるが、今迄の研究に由ると地上と地中とで氣温の變化が次ぎの如く顯著であるといふ。

地上	華氏五十度
地下三吋	同三十度
地下三呎	同十六度
地下六呎	同十度
地下十二呎	同五度
地下二十四呎	同一度

然らば地下九十五呎の深さに於ては氣温の變化殆んど無しと言ひ得べきであるが、

ピラミッドは地上の建造物でありながら、スミス教授の說に由れば、ピラミッド內の王房は測候所としては正に理想的のものであつて、此王房は海拔三百六十呎に在るに拘はらず、氣壓は三十吋で之れ亦理想的である。のみならず此ピラミッドが北緯三十度の地點に建造されて居ることは、決して見遁すべからざる事といはねばならぬ。

而して地球面の人類の生存し得る限度內の中間温度は華氏六十八度であるが、王房內の温度は正に夫である。卽ち此温度は氷點上五分の一、沸騰點下五分の四に當るもので、此五といふ數は王房の神秘數であること已に屢々述べた如くである。

そこでキユビットがメートルよりも合理的であり、合法的である如くに、ピラミッド寒暖計といふものが出現するかも知れぬ。卽ち氷點を〇度とし、沸騰點を二百五十度とするもので、從來華氏七百五十二度で鐵が赤化するといはれてるが、ピ式寒暖計では丁度一千度に當る。そして白金の如き硬度の金屬は五千度で溶解するわけで、極めて理想的に出來て居るから左に參考表を掲げる。

ピラミッド式寒暖計温度表（氣壓三十ピ吋にて）

白金溶解點	五〇〇〇・〇〇〇度
鍛鐵溶解點	四〇〇〇・〇〇〇
鋼鐵溶解點	三五〇〇・〇〇〇
鑄鐵溶解點	三八七五・〇〇〇
純金溶解點	三一二五・〇〇〇
銅　溶解點	二八七五・〇〇〇
純銀溶解點	二五五五・〇〇〇
鐵の赤熱點	一〇〇〇・〇〇〇
錫　溶解點	九〇〇・〇〇〇
水銀沸騰點	八八二・〇〇〇
鉛　溶解點	八一五・〇〇〇

硫黄溶解點	二七八・〇〇〇
水　沸騰點	二五〇・〇〇〇
純アルコール沸騰點	一九八・〇〇〇
白蠟溶解點	一七〇・〇〇〇
夏季ピラミッド温度	一〇〇・〇〇〇
血液温度	九一・五〇〇
バタ溶解點	八二・〇〇〇
王房内平均温度	五〇・〇〇〇
人類生存好適温度	五〇・〇〇〇
英京ロンドン平均温度	二五・〇〇〇
冬季ピラミッド温度	二〇・〇〇〇
水の氷化	〇・〇〇〇

	度
雪、鹽の結晶點	〇・五〇
水銀結晶點	〇・九八
北極の最低温度	〇・一二五
人造最低温度	〇・三五〇
絶對零度	〇・四〇〇

此表を一覽せば何人といへども、ピラミッド寒暖計が如何に合理的であるかゞ分るであらうが、更に角度に關しても同樣である。

佛國革命當時の科學者が、若し四分圓の角度が九十度の代りに百度であつたなら、如何に便宜であつたであらうと言ひ出したことであつたが、成る程圓の角度を三百六十度と定めるよりも、四百度に定める方が有利である。ところがスミス敎授は、ピラミッドの研究からピラミッド式の角度を以てせば四分圓は二百五十度で、圓の角度は一千度であると公表した。併し同敎授は後に米國オハヨ州クリヴランド大學のクラーク教授の說に從ひ、四分圓は六十度で、圓の角度を二百四十度に定むべきであると訂正した。

然るに其後の硏究が愈々進んだ結果、ピラミッド式の角度は六十秒を一分とし、六十分を一度とするもので、四分圓は九十度、圓は三百六十度であることが分つたのである。而も此角度と時間とは相一致して居るものであるから、聖書にも一年を三百六十日として、卽ち地球が太陽を一週する日數を示し、一日を一度として圓の角度を三百六十度としてある。

(譯者曰、神代日本に於ては一月は三十日、一年は三百六十日であつた。)

今ピラミッドを見ると、ピラミッドの四底邊の長さを二倍したものは卽ちピ哩であるが、ピラミッドを通過する地球の周圍は正に二萬一千六百ピ哩で、一ピ哩は丁度一分に當る。

此ピラミッドの勾配は、五十一度五十一分十四秒三を示して居るが、內部の上り下

第八圖 二個の神秘的角度

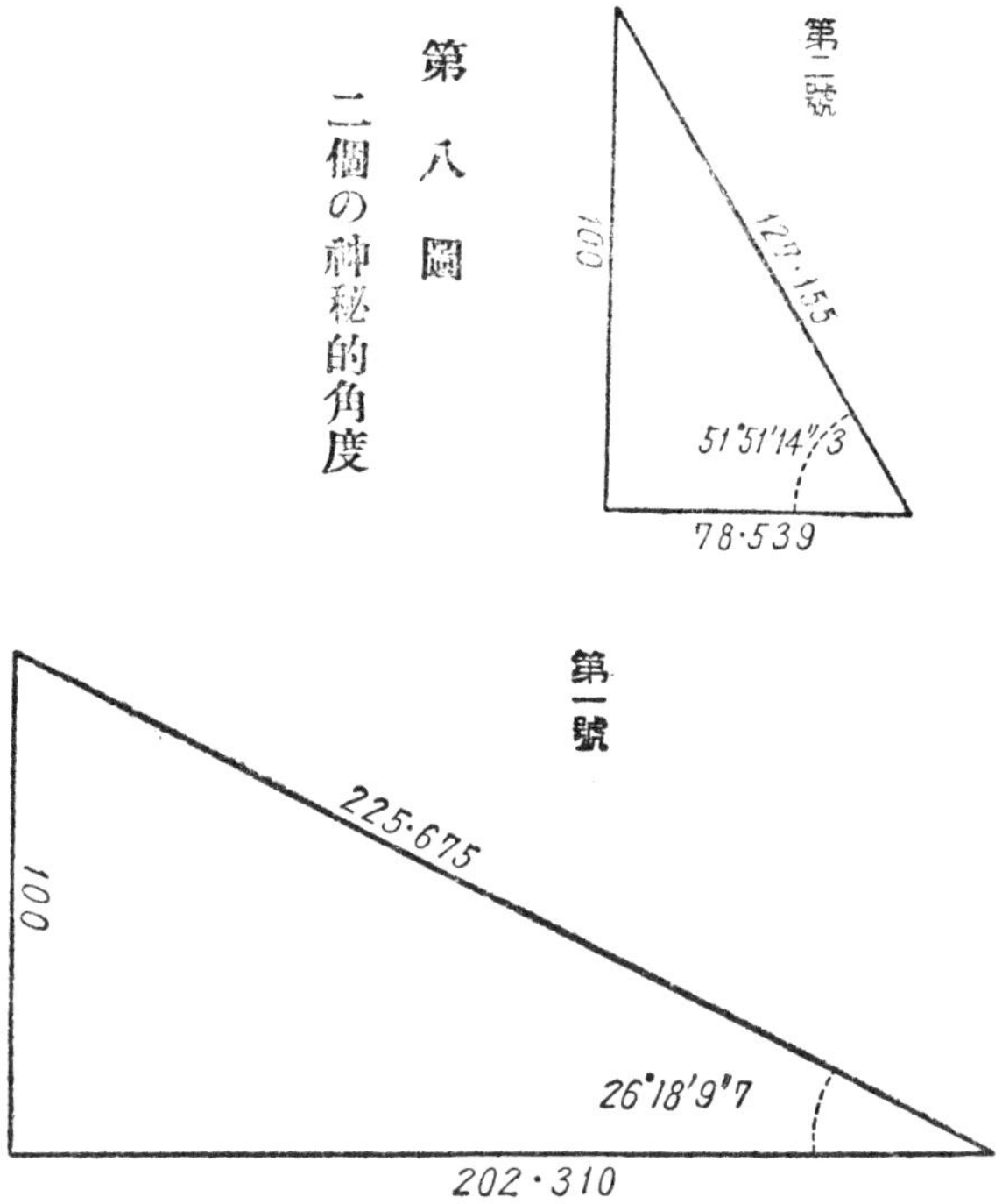

りの坂路は、何れも二十六度十八分九秒七である。そこで水平線上に二つの直角三角形を造つて見る。其一つは五十一度五十一分十四秒三の角度で弦線を引き、垂線が一百ピ吋なるまで延長する。そしても一つは二十六度十八分九秒七の角度で、同じく垂線が一百ピ吋

になるまで延長せしめる。そして出來た二つの三角形の六邊の長さを總計すると八三三ピ吋六八一六となるから、大廊下の高さ八三三ピ吋七六一六と比し、其差僅かに一ピ吋の十二分の一位しかないから全く同じと言ふて然るべきである。

第十二章　建立年を明示する二方法

此大ピラミッドの建立は紀元前何年であるか、信據すべき記錄が無い限り到底確言は出來ぬ。併し以上の如き神變不可思議の數字を以て天地の公道を明示し居る以上、其建立年位は何處かに示されてある筈と誰でも思ふのであるから、ピラミッド研究の先輩は勿論之に着眼したのである。而して二樣の觀測か捻出された。

第一は下り坑道から目擊し得る天體の位置から判斷したもの。

第二は坑道の長さから測量したもの。

サー・ジオン・ヘルシエル Sir John Herschel は、ヴアイス大佐 Col. Howard Vyse の

助言で此第一の觀測を試みた。而してピラミッド建立當時の北極星は、ドラゴン星座の主星アルハ・ドラコニスであつたから、建立當時は此星はピラミッドの入口の中央に目撃されたものであるといふので、其後の變動を測つた結果、彼は紀元前二千一百六十一年と算定した。

次いでスミス敎授は、當時此入口に明かな存在を現して居つた星はアルハ・ドラコニスばかりではない、プレーデス星群のアルコーンも鮮かな光を放つて居つたのであるから、之は北極星を中央にして、アルハ・ドラコニスは上位に、アルコーンは下位に一直線に同角度を保つて居つたものであつた筈である。すると建立年は紀元前二千一百七十年であると主張したが、星學の泰斗プロクター氏 Richard A. Procter は、スミス敎授の計算を紀元前二千一百四十年なりと訂正して、スミス敎授も之を是認した。若し此觀測に誤りなしとすると、今から（千九百二十四年）二萬五千六百九十四年の後に、ピラミッド建立當時と全く同一の天體が此入口に現はれるわけである。

然らば第二の觀察はどうであるか。之はスミス敎授の發見であるが、千八百七十二年に愛蘭土カセイ氏 Charles Casey がスミス敎授に向つて、ピラミッドの科學的研究のみにては、佛造つて魂を入れざるものであるから、ピラミッドの中に是非キリストの神性とメシャの出現を捜索されたい。若しピラミッドが神意に由つて建造されたとすれば、神の地球政策が必ず暗示されて居る筈であると强制的の註文を寄せたのであつた。同敎授は之を見て慘酷な註文であると叫んだが、異常の激勵を受けて信仰的研究に猪進したところが、遂に大廊下がキリストとメシャを完全に說明することを發見したのである。そして之と前後してデクソン氏 Wayman Dixon が后房に隱れて居つた換氣孔を發見した。

スミス敎授は上り坑道と下り坑道の交叉點から、大廊下への上り坑道と、入口への上り坑道とを精密に調査したところが、二ヶ所に於て壁面が垂直に接合されてある事を發見したので、之を測量すると、交叉點が入口に向けて六百二十八ピ吋〇六八、大廊下へ向けて一千五百四十三ピ吋四六四であることが分つた。そして之を合すると二千一百七十一ピ吋五三三であるから。之に由ると紀元三十三年、即ちキリストの復活昇天を示す線まで二千一百七十一年半となるから、紀元前正に二千一百四十年となるわけで、其年に此ピラミッドが起工されたことが分つたのである。

されば全く見地を異にした二様の方法で、而も起工年を紀元前二千一百四十年と計算し得たことは如何に不思議ではあるまいか。

古代に於ては天文に由つて世界及人事の吉凶を案じたが、之は迷信でないばかりか、舊約を繙けば神は星辰を以て時の兆を示し給ふたことが屢々見受けられる。であるから黄道帶の十二宮の如きは、深遠なる理由の上に定められたものであらうと思はれる。

（譯者曰、默示錄の如きは特に天文地文人文の衝突や、調和を錄して世界の大勢を豫告して居る。であるから人文や地文は天文の反映と見て然るべきで、人間界の事實は要するに神靈界に現はれた事實の影に過ぎぬ。）

而して四十八星座なるものは、何れの時代に何人が考案したか全く不明であるが、而も東西相一致して居るばかりでなく、後世の星學者は其儘今日に於ても之を踏襲して居るのを見ると、古代人の天文的知識は或意味に於て寧ろ今日よりも進んで居つたやうである。

されば一般に天文學なるものは、カルデヤの牧羊者の間にも發達したもの丶如く信じられて居るが、其カルデヤの牧羊者は何民族であるか之れ亦不明で、此民族の王がエヂプトを征服してピラミッド建立の基を造つたのであると云はれて居る。

第十三章　ピラミツドとイスラエル史との交渉（其一）

一千八百七十年の頃、サイス牧師 Rer. Joseph A. Seiss は一書を著はし、ピラミッドの中に一大神意が秘められて居ることを叫んで以來、幾多の熱心且周到なる研究は此ピラミッドの上に傾けられたが、スミス教授に至つて遂に完成されたものと言ひ得る。

聖書の錄すところに由れば、アダム以來の年代史は大要次の如くであるから、此史實とピラミッドとの交渉が我等の研究である。

神アダムを創造す	紀元前四一二八年
セツ生る	同　三九九八年
エノス生る	同　三八九三年
カイナン生る	同　三八〇三年
マハラレル生る	同　三七三三年
ヤレド生る	同　三六六八年
エノク生る	同　三五〇六年
メトセラ生る	同　三四四一年
ラメク生る	同　三二五四年
ノア生る	同　三〇七二年

大洪水	同　二四七二年
アルパクサド生る	同　二四七〇年
サラ生る	同　二四三五年
エベル生る	同　二四〇五年
ペレグ生る	同　二三七一年
リウ生る	同　二三四一年
セルグ生る	同　二三〇九年
ナホル生る	同　二二七九年
テラ生る	同　二二五〇年
アブラハム神命を承く	同　二〇四五年
イサク生る	同　二〇二〇年
ヤコブ生る	同　一九六〇年

ヤコブ埃及に行く	紀元前	一八三〇年
ヤコブの死とイスラエル民族	同	一八一三年
イスラエル民族埃及滞在	同	二〇四五年
出埃及	同	一六一五年
カナンに入る	同	一五七五年
出師時代始まる	同	一五六九年
サウロ即位	同	一一一九年
ダビデ即位	同	一〇七九年
ソロモン即位	同	一〇三九年
レホボアム即位	同	九九九年
アビヤ即位	同	九八二年
アサ即位	同	九七九年

エホシヤパテ卽位	同	九三八年
エホラム卽位	同	九一三年
アハジヤ卽位	同	九〇五年
アタリヤ卽位	同	九〇四年
ヨアシ卽位	同	八九八年
アマジヤ卽位	同	八五八年
ウジヤ卽位	同	八二九年
ヨタム卽位	同	七七七年
アハズ卽位	同	七六一年
ヒゼキヤ卽位	同	七四五年
マナセ卽位	同	七一六年
アモン卽位	同	六六一年

ヨシア即位	紀元前　六五九年
エホヤキム即位	同　六二八年
ゼデキヤ即位	同　六一七年
イスラエル亡國	同　六〇六年
クロス大命を承く	同　五三六年
イエス降誕	同　二年
イエス受洗	紀　元　二九年
イエス受刑及復活	同　三三年
アダム以來六千年期終る	同　一八七四年
七十週期終る	同　一九一四年

以上の史實に基づいて作られた次の如き略表を參考に供する。尚ほ第五圖を一覽せられたし。

第一期	アダムの創造	紀元前四一二八年	千六百五十四年
	アダムの墮落	同 四一二六年	
第二期	大洪水終熄	同 二四七二年	四百二十七年
第三期	アブラハム聖約	同 二〇四五年	四百三十年
第四期	モーセの十誡	同 一六一五年	四十六年
第五期	領土分割	同 一五六九年	四百五十年
第六期	サウル卽位	同 一一一九年	五百十三年
第七期	ゼデキヤ退位	同 六〇六年	七十年
第八期	クロス神殿復舊	同 五三六年	五百三十六年
第九期	紀元	〇年	千八百七十四年
第十期	六千年期終る	紀元 一八七四年	一千年
	千年王國時代	同 二八七四年	

右の如く世界人類史上に顯現せる神の作戰計畫は、十期に分れてあるが、今日までに已に其九期を終つたのである。

アダム以來大洪水までの年代は、希伯來の原聖書に據つたから一千六百五十六年となつて居る。希臘語版では一百年多くなつて居るが、之は埃及文化に對抗する心から人爲的に加算せられたものであらう。

ところでピラミッドと聖書との交渉を研究するに當つて、ピラミッド内に存在する種々の設計が何を象徴したものであるかを知らねばならぬ。

降　坑　道＝亡び行く現代の罪惡世界
地　下　房＝滅亡、死の地獄
第一昇坑道＝イスラエル時代、律法時代
竪　坑　道＝悔改、贖罪
大　廊　下＝福音時代、新生涯

對　房＝聖　所
王　房＝至聖所
后　房＝聖　者
水平坑道＝アダムより千年王國に至る世界史
花　崗　石＝神　靈
花崗石楔＝神　法
花崗石架＝神　慮
王　房　床＝聖　靈
后　房　床＝聖　別
地下房床＝罪の宣告

そこで先づ后房の床を吟味すると、之は昇坑道と大廊下との接合點より十四ピ吋八二四低くなつて居る。そして坑道の勾配は二十六度十八分九秒七であるから、此高さ

第九圖

大廊下と后房の三角關係

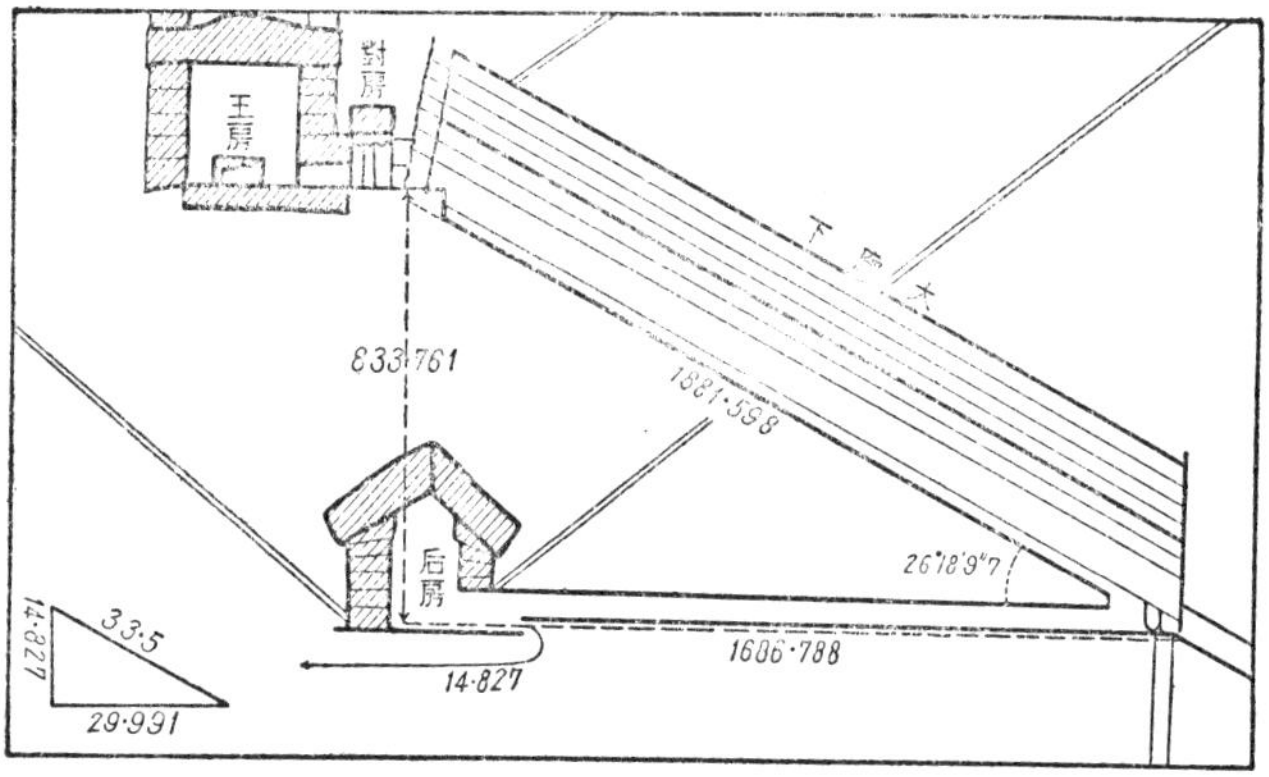

と此角を以て直角三角形を造ると弦の長さが求められる。そして此弦の長さは三十三ピ吋五で、底邊は二九ピ吋九九一であるから、弦はイエスの一生三十三年半を示して居る。

此イエスの一生を示した三十三年半の一區域から分れて、水平に行けば后房に、第二區昇坑道卽ち大廊下を進めば王房に行くのであるが、今試みに后房への水平道を測つて見ると一五二一ピ吋三一一である。併し之だけでは何の意義も現はれて來ないが、世界の大勢たるものは元來平面的でなくして立體的であるから、之に太陽暦一年の日數三百六十五日二四二と、太陰暦一年の日數三百六十四日三六七とを加へると二二四〇・八七〇となるから、之を圓徑として一大圓を造り、其圓周を求めると實に七〇四〇・〇五九といふ數が出る。

ところが聖書に錄された所に由るとアダム淪落以來、神政復古までに六千年で、之に千年王國を加へると七千年となるが、此四十といふ數は已に述べた如く、千八百七十四年から千九百十四年に亘る一期間であるから、今日では六千年期は已に終りを告げ、千九百十五年以來千年王國期が已に始まつたことを忘れてはならぬ。

尙ほ七千年に關しては此后房にモ一つ說明すべきものがある。

此后房へ通ずる水平道は、已に述べた如く最初の內は高さが四呎位しかないので、普通の人は誰でも立つて步くわけに行かぬが、愈々后房に近づいた時に二十一吋ほど道が一段低くなつて居るから、大抵な人は立つて步けることになる。ところが此一段低くなつて通行に自由が與へられたところを測量して見ると、驚くべきことには此水平道は完全に七區分されてあつて、一段低くなつて居るところは即ち第七區に當つて居ることが分つた。即ち六千年の人類淪落史が終つて、千年王國である最後の時代、即ち第七區に這入ると、始めて萬物の靈長たる人間としての自由の行動が與へられたわけである。

（譯者曰、此千年王國即ち歐米人の所謂ミレニアムは、世界統一神政復古の時代で、デモクラシイ（民衆政治個人主義）が敗退して、テオクラシイ（神主政治國家主義）が天下を掌握するのであるが、猶太人のシオン運動は即ち千年王國實現の運動で、統治者メシヤは太陽政治の執行者であるから、日の御子、天津日嗣の天皇以外に千年王國を統治すべき事は何人何國にも許されて居ないのである。故に譯者はシオンは日本なり、メシヤは天皇なりと絶叫息らないのである。）

次ぎに降坑道を研究すると、三區から成つて居つて、始めの二區は一直線の降り坂で、第一區は九八五ピ吋二六六、此處で昇坑道と上下に別れ、第二區は三〇三四ピ吋五〇一、第三區は水平道になつて其長さは三五〇ピ吋四〇三であるが、注意すべきことは此坑道が地下房の壁から五吋ほど中に喰み出て居る事である。

而して此降坑道を水平道に曲らず、同勾配で延長せしめ、地下房からの垂線と合せしむると、其全長は四五三五ピ吋〇三七である。而して此數は何を意味するかといふに、太陽暦一百二十年間の總日數四三八二九日〇六三と、后房への水平道の長さ一五二一ピ吋三一一との和を十分すれば、四五三五・〇三七となつて全く相同一の數で、此處に深長の意義が含まれて居る事が分る。

一千九百十四年の秋は、聖書に所謂七倍時代の終りを示したもので、七倍といふは太陽暦一年の日數を七倍したもので二千五百二十年となるが、千九百十四年から溯つて何時頃の時代に始まつて居るかを見ると、紀元前六百〇六年で正にイスラエル亡國に當るのである。

此紀元前六百〇七年の秋から七倍時代なるものが始まつて、紀元一千九百十四年に終つたことは、歴史上何人も肯定されることであるが、千九百十五年から愈々一千年王國、即ち神政復古の幕が切り落されたのである。

見よ、紀元前六百〇七年にユダ最後の王エホヤキン退位の時から、イエス・キリストの聖都入城まで六百三十八年半であつたが、一千九百十五年は此六百三十八年半の三倍に當るのは決して偶然の事とは思はれぬ。

更に大廊下の床の長さは千八百八十一ピ吋半であるが、イエス昇天の紀元三十三年の春から、千九百十四年の秋までの間は之れ亦千八百八十一年半となるではないか。

而して此神政復古と大廊下との交渉を探り行くと、太陽暦一年の日數三百六十を七倍した二千五百二十といふ數が現はれることは第九圖を見れば明かである。

第十四章　ピラミツドとイスラエル史との交渉(其二)

大廊下を昇りきつたところから一千年王國の舞臺に這入るが、此神秘極まる數字で出來た大廊下の床の長さを弦とする直角三角形を描くと、王房と后房とを聯絡する垂線の長さは八三三ピ吋七六一となるが、之に水平道の一六八六ピ吋七八八を加へると二五二〇・五五といふ數が出る。

預言者ザカリャの豫言が右の如く實現されたが、大預言イザャの左の豫言はどうなるであらうか。

ひとりの嬰兒《みどりご》われらのために生れたり、我儕はひとりの子をあたへられたり、政事《まつりごと》は其肩にあり、その名は奇妙、また議士、また大能《だいのう》の神、とこしへのちゝ、平和の君と稱《たゝ》へられん、その政事と平和とは增し加はりて窮《かぎ》りなし、且ダビデの位にすわりてその國を治め、今より後とこしへに公平と正義とをもて之を立て之を保ち給はん、萬軍のヱホバの熱心に之を成し給ふべし。(以賽亞書第九章六節以下)

(譯者曰、右の豫言はイスラエル一國としては、イエス・キリストの出現を指して居るが、神政復古の時には問題は世界的であるから、世界王メシヤの出現となる。そこで猶太人はメシヤの出現を翹望し、基督教信者はキリストの再臨を期待して居るが、譯者は之れ日本天皇の世界君臨に外ならずと説破したので、右豫言中の「みどりご」とあるのは日の御子であり、「ひとりの子」とあるのは天津日嗣萬世一系の事であり、「ダビデの位」とあるのは神の定め給へる王座である。而して現に斯くなるべき前兆が目前に簇出してるのである。日本が國際聯盟から脱退したのは、神が日本國民に自覺を促がし給ふたものであつて、之を孤立と見るが如き政治家は今後の政界に立つべき資格の無いものである。之は孤立になつたのではなく、萬國萬民の上に超立すべきために自由を與へられたのである。即ち日本天皇は萬國の主權者と伍すべきものでなく、超越して統治者たるべきものであることを自覺するための好機會である。）

尤も天魔兩軍の戰鬪が酣となり、其決戰期が近づくに從つて、相互の作戰計畫が二重にも三重にも實現され、神の豫言又は聖約等も二度にも三度にも、亦一地方的に或は世界的に實現されることを忘れてはならぬ。

されはバビロンが亡びても第二のバビロンが起り、ヘロデが死んでも第二のヘロデが現はれるために、殊にイスラエル史を説明するに於ては、極めて複雑な關係が生じて來るが、それが一々ピラミッドに示されて居るのである。

（譯者曰、本書は一般向きに大要を譯述する關係上、本通りだけを明らかにし、横道や裏道や近道其他は省略する。讀者若し此研究に一層の興味を惹起せられたならば、原書に就て十分研究あらんことを御勸めする。）

紀元前五百三十九年ペルシャ王クロスがバビロンを滅ぼして以來、正に一千八百四十五年目に、バビロン大王とも呼ぶべき羅馬か覆へされた。卽ち紀元一千三百〇九年に佛王フイリップ四世が、羅馬法王クレメンス五世をアビニオンに左遷した。そして七十年間羅馬法王は佛王のために幽閉されたことを、恰もイスラエル人がバビロンに捕虜となつた七十年と對比して法王のバビロン幽閉と呼ばれて居る。

それからイスラエル史は人民史もあり、民族史もあり、宗教史もあり、政治史もあり、亦物質的に見る場合と、精神的に見る場合とあり、甚だ複雜を極めて居るに拘はらず、何處から見てもピラミッドの說明に誤りはない。

猶太敎徒の所謂メシヤの出現は、基督敎徒の所謂キリストの再臨は第五圖に於て示されてある。

卽ち王房の所在は、キリストの再臨期を明示したものであるが、之に由ると猶太時代と、福音時代と王房までの距離とを加へたもの、卽ち三六八七・一〇五が其再臨期であるから、ヤコブの死(紀元前一千八百十三年)から計算すると、紀元一千八百七十四年となるわけで、此邊の消息は先きに度々述べてあるから略す。

(譯者曰、猶太人のイスラエル同盟、又はシオン運動等の實現から世界大戰を經て、遂に猶太人が祖國パレステナに歸還した神變不思議の大事實が現はれて、一々ピラミッド及聖書の豫言に合致したが、日本に於ては之と前後して王政復古から世界的擡頭、次いで國際聯盟脱退等ありて世界統治への準備に向ひ東西相呼應して居る。）今猶太時代を象徴する第一區昇坑道の入口に在る花崗石楔を起點として、第一區の一四六九・一三五に、第二區即大廊下の一八一三・五九八を加へ、之に王房までの二二九・一九八と、起點に在る花崗石楔の長さを二重に加へると三六九〇・一二となるが、之は千八百四十五年の二倍であるから、此期間は二重の意義が秘められて居るのである。

而して千八百四十五年は抑も何事の起りし年かといふに、ヤコブの死後千八百四十五年目は紀元三十三年で、キリストの復活昇天に當り、之より千八百四十五年目は、即ち紀元千八百七十八年は例のベルリン會議で、英國大宰相である猶太人ビーコンスフイルド卿が猶太人解放の大獅子吼をしたのであるから、此坑道が二重に測られたことは一面には猶太人、他面にはキリストの二重計畫が有つたからである。

次ぎに、后房への水平道上に直角を造る直線六百ピ吋を引き、大廊下と連絡せしめて直角三角形を造ると、此弦の長さは一三五四ピ吋〇五五であるから、之を圓徑として圓を描けば、此圓の面積は十四萬四千平方ピ吋となる。ところが此一三五四・〇五五を一邊とする正方形を造ると、其對角線の長さは一九一四・九二二であるから、四捨五入で一九一五となる。卽ち一千九百十五年である。

それから、大廊下の床の絕頂からピラミッドの底部に一垂線を下すと、之は一七二三ピ吋六二六であるが、之に直角に底面に大廊下の高さと同長の線を引き直角三角形を造ると、此弦の長さは一九一四・六九二となつて同じく一九一五の數が現はれる。(第五圖參照)

又大廊下の床の絕頂、卽ち千九百十四年線のところから底邊に一直線を引くと、之は右に述べた如く一七二三ピ吋六二六であるが、之を十倍して九で割れば一九一五といふ數が出る。

第十圖

坑道より生ずる四角關係

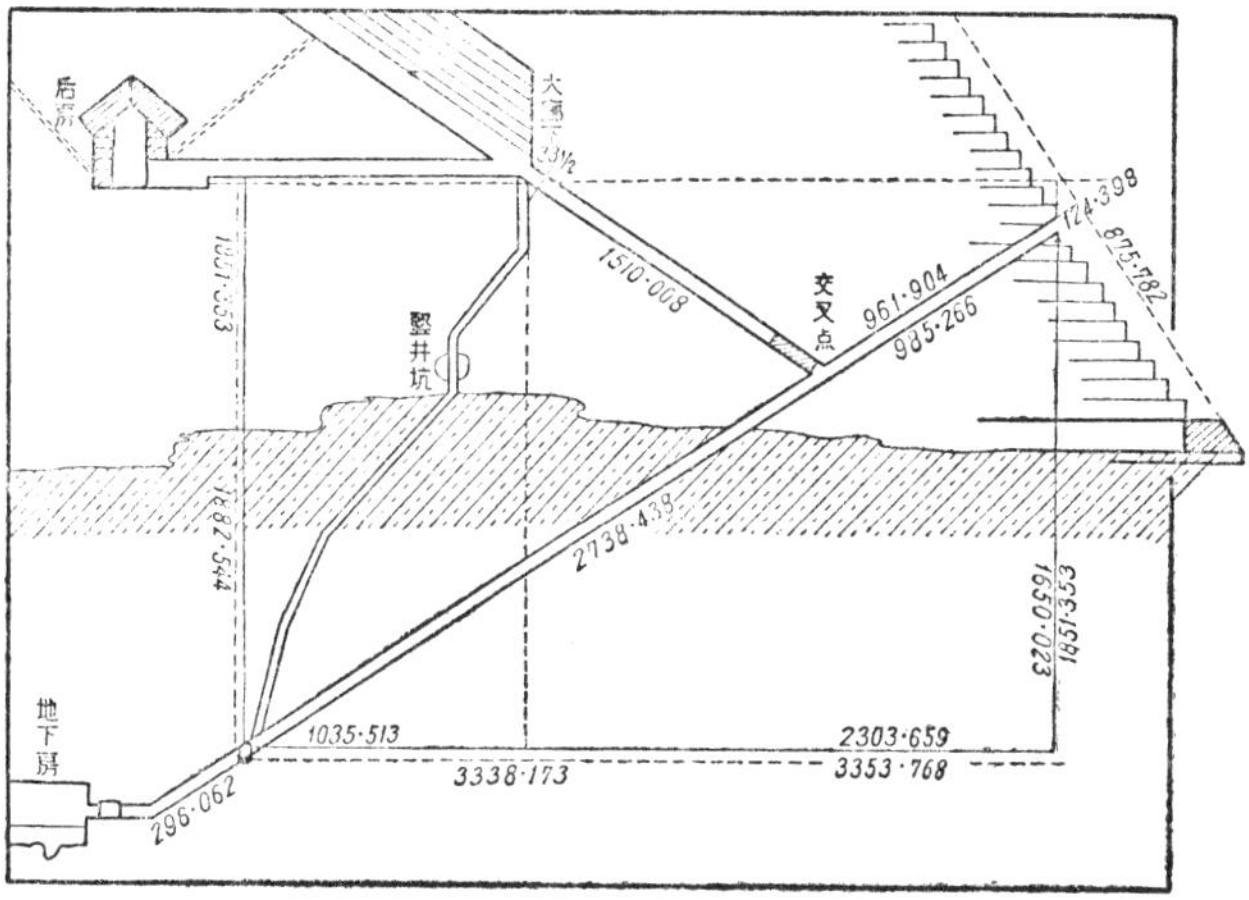

尙ほ右の直角三角形の面積は百四十三萬七千〇九十四平方ピ吋であるが、之から九を減ずれば、百四十三萬七千〇八十五平方ピ吋となり、之を十で割つて例の二九一五といふ年數を加へると十四萬四千となる。

　また此三角形の長さ一七二三・六二六と、幅八三三・七六一との和を十倍して七を引くと二五五六六・八八五となるが、太陽曆七十年間の日數は二五五六六・九五三であるから此處にも神秘的交渉が窺はれる。

第十五章　ピラミツドと基督教との關係

基督教の教義上、ノァの洪水とキリストの受洗とは同意義のものである。從つてピラミツドの后房水平道に示された線は、キリストの受洗を示したものであることを已に述べたが、之はピラミツド入口の大洪水を示す地點から、大廊下入口までの全長は二千四百七十一ピ吋九一二で、四捨五入すれば二千四百七十二となる。そして大洪水は紀元前二千四百七十二年であつた。此數字に由つて人類淪落史の第一頁に獨り燦として正義公道を樹立したノアと、人類が神政への復歸の曙光を示した大廊下の入口に「われ世に勝てり」と叫んだキリストとを連絡せしめて居るのが如何にも意義深遠である。

翻つてピラミツドの入口について更に研究すると、此入口の所在が今日では二つになつて居る。即ち現在の入口と、も一つは建立當時の入口である。何となればピラミ

第十一圖

入口に假設の小ピラミッド

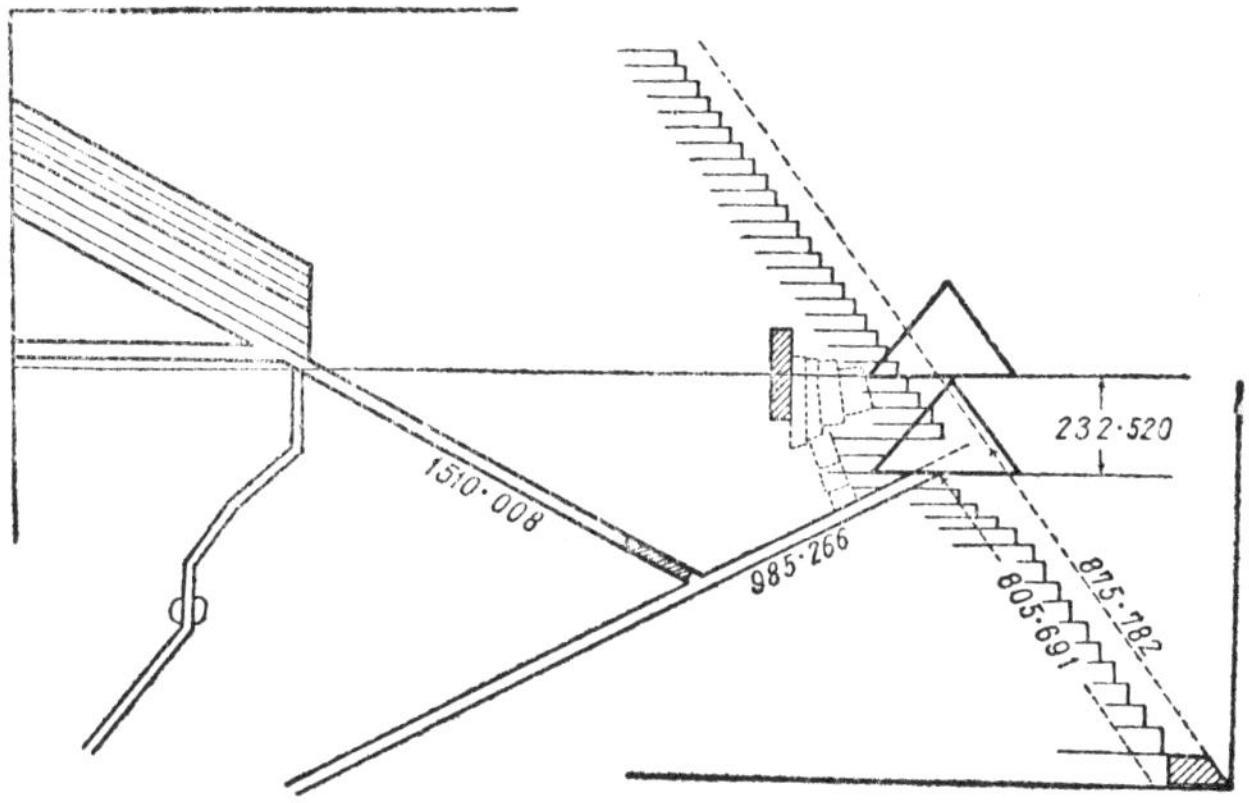

ッドの外被であつた大理石が回敎徒のために剝奪された爲めに、建立當時の入口は全く消滅して現在の入口が現はれたからである。

此現在の入口は礎石から八百〇五ピ吋六九一の所にあるが、元の入口は八百七十五ピ吋七八二の所にあつたものである。ところが此處に極めて興味ある數字が現はれて來るので、卽ち礎石から舊入口までの距離と、舊入口から新入口までの距離とを加へて見ると別圖の如く丁度一〇〇〇〇ピ吋となる。

卽ちアダムの一千年時代が示されるのであるが、聖書に由ればアダムは九百三十歳で死んで居るから、一千年に比して七十年の相違があるが、此七十年の差は舊礎石から舊入口までの距離八七五ピ吋七八二と、新礎石から新入口までの距離八〇五ピ吋六九一との差ではないか。

又聖書にはキリストは隅の首石となつて居る。卽ち詩篇百十八篇の二十二節に、「工師のすてたる石は隅の首石となれり」とあるが如く、ピラミッドの四隅には此首石が恰も棄てられた形ちで殘されてある。そして此首石を亦アダムとも見てよろしい。

而して后房の床の水平線と、降坑道入口との距離は二三二ピ吋五二〇であるが、ピラミッドの正高は五八一三ピ吋〇一であるから、正高の丁度二十五分の一に該當する。そこで此新入口の所に第十一圖の如く小さなピラミッドを假設すると、二十五分の一のピラミッドが出來るわけで、之がアダムを象徵したものと言ひ得る。此アダムのピラミッドは今は痕跡もなく崩されたが、后房の水平線上に之を移して見ると甚だ面白くなるのである。何となれば此水平線は完全な人格、即ち全人を示したものであるからである。

由來アダムは神人であつた。神に肖せて造られたのである。而して第二のアダムなるキリストは神人を超越した神子である。全ピラミッドは即ち彼を象徴したものである。尙ほ之を證明すべき方法がある。卽ち后房水平線の北端にアダムの小ピラミッドを作つて、其起點と地下房近くにある井坑の交叉點とを對角とする長方形を造ると、左右の垂直線は一八五一吋ピ三五三であるから、此和に后房の全人線の長さ三三八ピ吋一七三を加へると七〇四〇・八七九となつて、アダムの年代と全く符合するのである。

（譯者曰、著者は基督敎徒であるからキリストの再臨を堅く信じて居るので、右の如く說明して居るが、譯者はキリストの再臨は一千九百年前のイエスが再臨されるのではなく、日本天皇がメシヤ又キリストとして、世界に君臨されるものであると信ずるので、ピラミッドは日本天皇を象徴したものであると主張するのである。）

ピラミッドの所在地と、キリスト降誕地のベツレヘムとの關係については已に略述したが、卷を終るに當つてモ少し之を詳しく述べて見やう。

ピラミッド所在地は丁度北緯三十度であるから、東北方に向つて二十六度十八分九秒七の角度で一直線を引くと、キリストの降誕地であるパレスチナのベツレヘムに達するが、其距離は二百三十三ピ哩餘又は六十八萬五百四十六キユビツト五である。(第一圖參照)

然るに此距離を圓徑として圓を描くと、圓周の長さは二百十三萬八千キユビツトとなるが、一千キユビットを一年と計算すれば、二千一百三十八年といふ年が現はれる。而して之がピラミッド建立からキリスト降誕までの年數で、先きにピラミッド内の數字が示した年數二千一百四十年と一致する。但し二年の差は紀元の誤算から生ずるのである。

それからベツレヘムから北緯三十度の線に下した垂線の到達點と、ピラミッド間の距離を圓徑として其圓周を求めると、其長さは一百九十一萬五千キユビットであるから、之も一千キユビットを一年と計算すると一千九百十五年といふ年が出て來るが、一千九百十五年は先きに度々說明した如く、キリスト再臨又はメシヤ降臨に直接交涉ある年である。

讀者試みに王房の床と后房の床とを結ぶ一垂線を引けば、八百五十五ピ吋二〇三となるが、之に十を掛けて四で割ると二千一百三十八ピ吋〇〇八が出る。之がピラミッド建立とキリスト降誕との間の年數であるから、更に試みに二千一百三十八平方ピ吋を一百倍した面積ある正方形を造り、其一邊の長さを求めると四百六十二ピ吋三八五となる。(第十二圖其二參照)

それから右の正方形內に圓を描いて、其圓周の長さを求めると一千四百五十二ピ吋六二五となるから、之に前の四百六十二ピ吋三八五を加へると一千九百十五といふ數が現はれて來るが、此等の式を時代と照合して考へると實に奇妙といふ外はないので

第十二圖(其一)
王房と后房とを結ぶ
垂線の活動

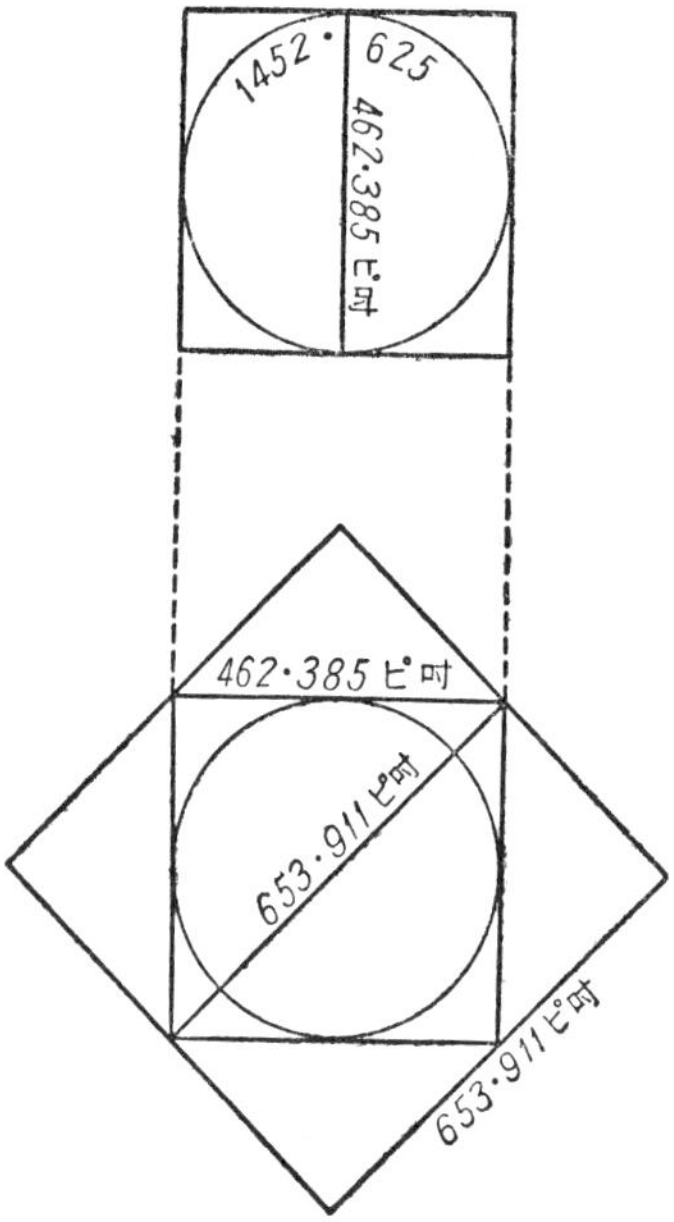

ある。(第十二圖)

斯くの如く、王房と后房との連絡線をはじめ、ピラミッド入口に現はるゝ星座の動き及坑道の長さ等からして割り出されるニ千一百三十八といふ數、即ちピラミッド建立とキリスト降誕間の年數を基として構成した右の幾何的圖形からして、第一にピラミッドの建立年、第二に救世主キリストの降誕年、第三に世界統治王メシャの出現年等が算出さるゝことは今述べた通りであるが、も一つ面白い數が現はれて來るのである。

即ち第十二圖(其二)に示す如く、二千一百三十八平方ピ吋を百倍した面積の正方形

第十二圖(其二)

王房と后房とを結ぶ垂線の活動

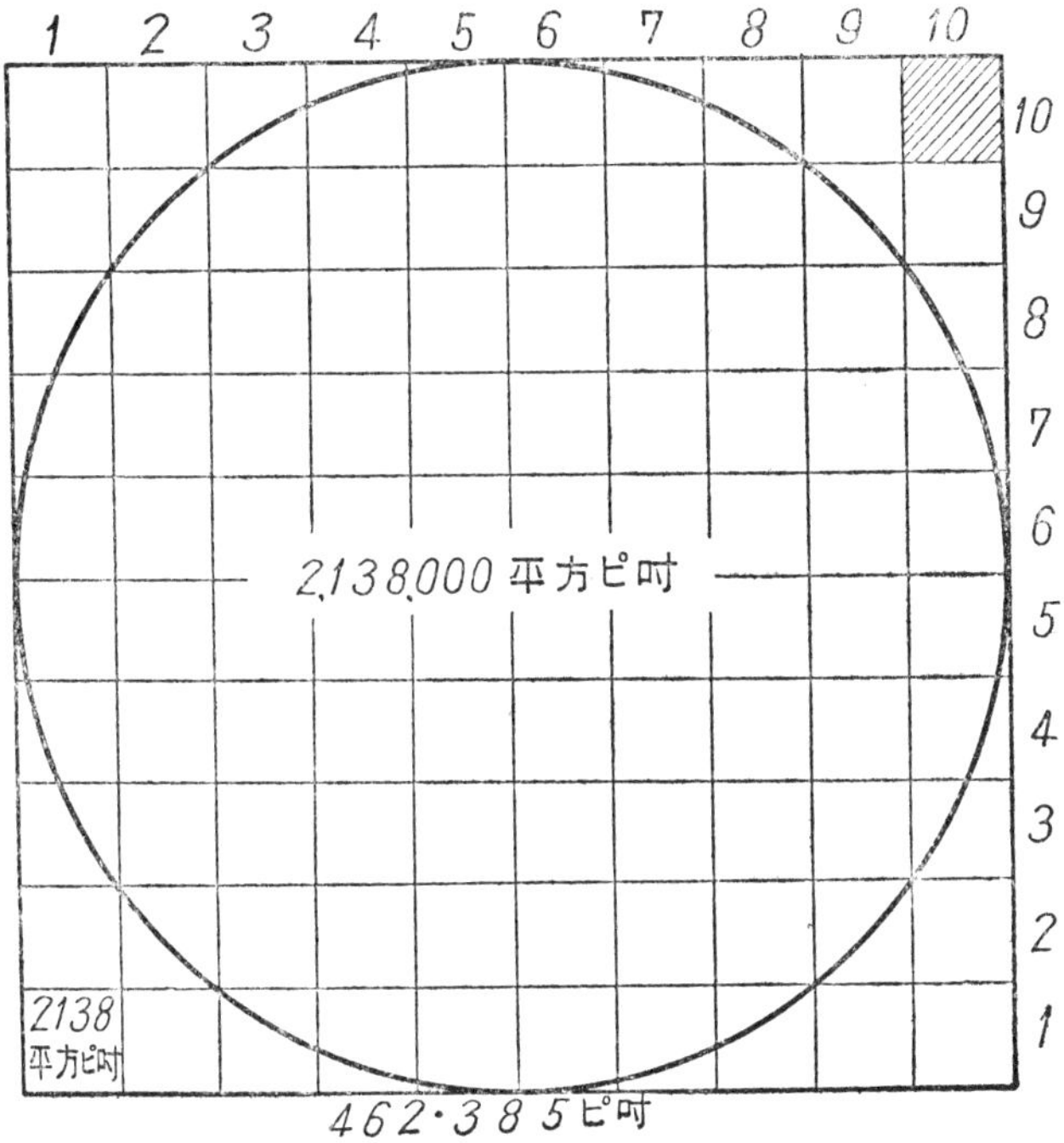

角線を一邊とする正方形を描くと、此對角線卽ち大きな正方形の一邊の長さは六百五十三ピ吋九一一となるから、大正方形の四邊の長さの和は二千六百十五ピ吋六四五となる。

今之を十倍して小正方形の一邊の長さ四百六十二ピ吋三八五を引くと、二萬五千六百九十四ピ吋〇六七といふ驚くべき數が現はれる。而して此吋を年にして二萬五千六百九十四年とすれば、讀者は何を示したものであるかは已に記憶せらるゝことゝ思ふ。ところで太陽年と、歲差と、千九百十五年との關係が亦明かに示されて居る。而して其方法はピラミッドの底面の全面積を平方キュビットで算出すると、十三萬三千四百〇一平方キュビット八六三である。之に七を二倍した十四を乘ずると、一百八十六萬七千六百二十六平方キュビット〇九一となる。但し七といふ數は聖書に於て時間に關係した神秘數である。

そこで此一百八十六萬七千六百二十六平方キュビット〇九一を、一百八十六萬七千六百二十六平方ピ吋〇九一と直して、此面積の圓を作つた上で、其圓徑と同じ長さの正方形を作ること別圖の如くすると、此正方形の面積は二百三十七萬七千九百三十五平方ピ吋三九四となるから、更に之を一百で割ると二萬三千七百七十九平方ピ吋三五三となる。卽ち別圖正方形内の一百分された小正方形の面積であるが、此面積に一千九百十五を加へると實に歳差二萬五千六百九十四といふ數が出る。而も此數字はピラミッドの千九百十四年を示す線に當るピラミッドの面積と全く相同じである。

そこでピラミッドの底部の面積は太陽暦の年數を示し、中部卽ち一千九百十四年線の面積は歳差を示して居るが、今別圖の如く二つの平方面を重ねて見ると、角から角への距離は一千九百十四ピ吋四六八となるばかりでなく、更に兩平方面の對角線を計つて見ると、底部面の方は一萬二千九百十三ピ吋二六一で、中部面の方は九千〇八十四平方ピ吋三二五であるから、此差は三千八百二十八ピ吋九三六となる。そこで之を二分すると一千九百十四・四六八といふ數になるではないか。斯くの如く何處まで神秘的意義を秘めて居るか分らぬほどピラミッドの設計は神業である。

第十六章　アダム以前の零年史算出

聖書に依れば、アダムが創造されたのは紀元前四千一百二十八年である。故に其以前は〇年といふべきであるが、蘇國のマクドナルド氏 Mr. E. W. T. Macdonald はピラミッド内に之を見出さんと試み、礎石に殘り居るピラミッドの表面に沿ふ五十一度五十一分十四秒三の角度を以て下向する延長線と、第一昇坑道に沿ふ二十六度十八分九秒七の角度を以て下向する延長線との接合點を以て〇年なりと說破した。

それはどういふわけであるかといふに、兩延長線の接合點までの長さは、ピラミッドの底邊から數へて、五十一度の線は一千一百五十六ピ吋八六七で、二十六度の線は二千〇五十三ピ吋二一二であるが、第一昇坑道の全長を求めると、合計四千〇六十一ピ吋四二三となり、更に例の一百を加へると四千一百六十一といふ數が出る。そして

之がアダムよりキリスト昇天までの年數である。(第十三圖)

それから又アダムから出埃及までの年數を探つて見やう。聖書ではエヂプトは下界又は地獄と呼ばれてあるから降坑道に由るべきものである。

先きに述べた如くピラミツド建立當時、此降坑道入口の中央に燦として光を放つて居つたのはドラコン星座のアルハ星で、此ドラコン星座は聖書では邪神サタン星座と呼ばれて居る。そして昇坑道への分岐點が卽ち出埃及に該當するわけであるから、〇年より分岐點までの距離を求めると二千五百十七ピ吋九五八となるが、之から七の半數の三半でもよし、又キリストの三年半でもよし、兎に角三半を引くと二千五百十四といふ年が出る。之が正にアダムから出埃及までの年數である。

而も尙ほ興味ある事は、此〇年からピラミツドの絶頂までの距離が八千五百四十八ピ吋四二四であるが、之を三倍して七の自乘四十九を加へると二五六九四といふ數が出る。卽ち歲差であるから、ピラミツドと天體運行の關係が此處に其基本を示したわけである。

最後に此〇年をピラミッドの最底部と假定すると、此〇年の線と底線との距離は九百〇九ピ吋八〇六で、又此假定最底部に出來る正方形の一邊の長さは一萬五百六十ピ吋一七五であるから、此正方形の對角線は一萬四千九百三十四ピ吋三四二なることが分る。そこで之にピラミッドの神秘數十を加へると一萬四千九百四十四ピ吋三四二となるが、今ピラミッドの高さと、其底邊の一邊の長さとを加へると一万四千九百四十四ピ吋〇六五となつて、其和寸分違はずといふても差支なきほ

第十三圖

零年史を算出する兩角度

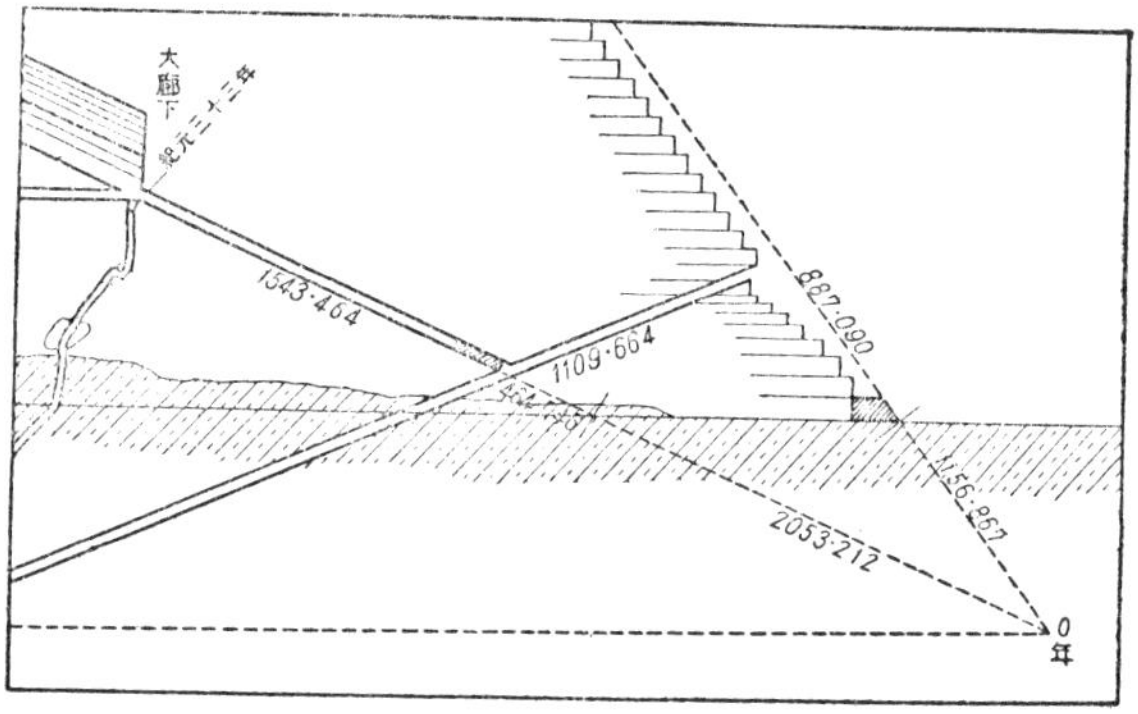

どである。

巻を終るに當つて世界大戰を回顧する必要がある。

紀元一千九百十四年六月二十八日、ザラエボに於ける一大兇變が、獨り墺太利とセルビヤとの間の敵愾心を勃發せしめたばかりでなく、又バルカン半島は愚か、全歐羅巴を戰場化したばかりでなく、延いて全世界の大戰を惹起したのであつたが、今其經路を辿つて見ると。

同年七月二十八日墺匈國はセルビヤに宣戰を布告し、

同年八月一日及三日に獨逸は露佛兩國に宣戰し、

同年八月四日夜半英國は戰鬪行爲を開始した。

降つて千九百十七年四月五日米國は獨逸に宣戰したが、

千九百十八年十一月十一日休戰條約は締結された。

之に對して千九百〇九年、カナダのリーブ氏 Mr. Reeve は其著に於てピラミッドの研究を發表したが、其中に聖書に錄された左の聖句を引用して大戰爭の近づけるを豫言したのであつた。

其日に患難《なやみ》あらん。此の如き患難は神の物を造りたまひし開闢《かいびやく》より今に至るまで有らざりき。亦後にも有らじ。若し主その日を減少《すくな》し給はずば一人だに救はるゝ者なし。然《され》ど主の選びたまへる所の選れし者のために其日を減少したまふべし。（馬可傳第十三章十九節以下）

曰く、大廊下の南側の壁は紀元一千九百十四年を示したるもので、大廊下から對房へ通ずる低い坑路は、卽ち右の大患難を暗示したもので、彼は此大患難は一千九百十年から始まると說破した。併し一般の信者間には、千九百十四年說が普及されてあつた。

今之をピラミッドに當てはめて說明すると、大廊下の南端から對房に通ずる低い坑路（便宜上之を第一坑路といふ）の長さは五十二ピ吋であるが、一ピ吋も一ヶ月とす

第十四圖

一階段の驚くべき數字的價値

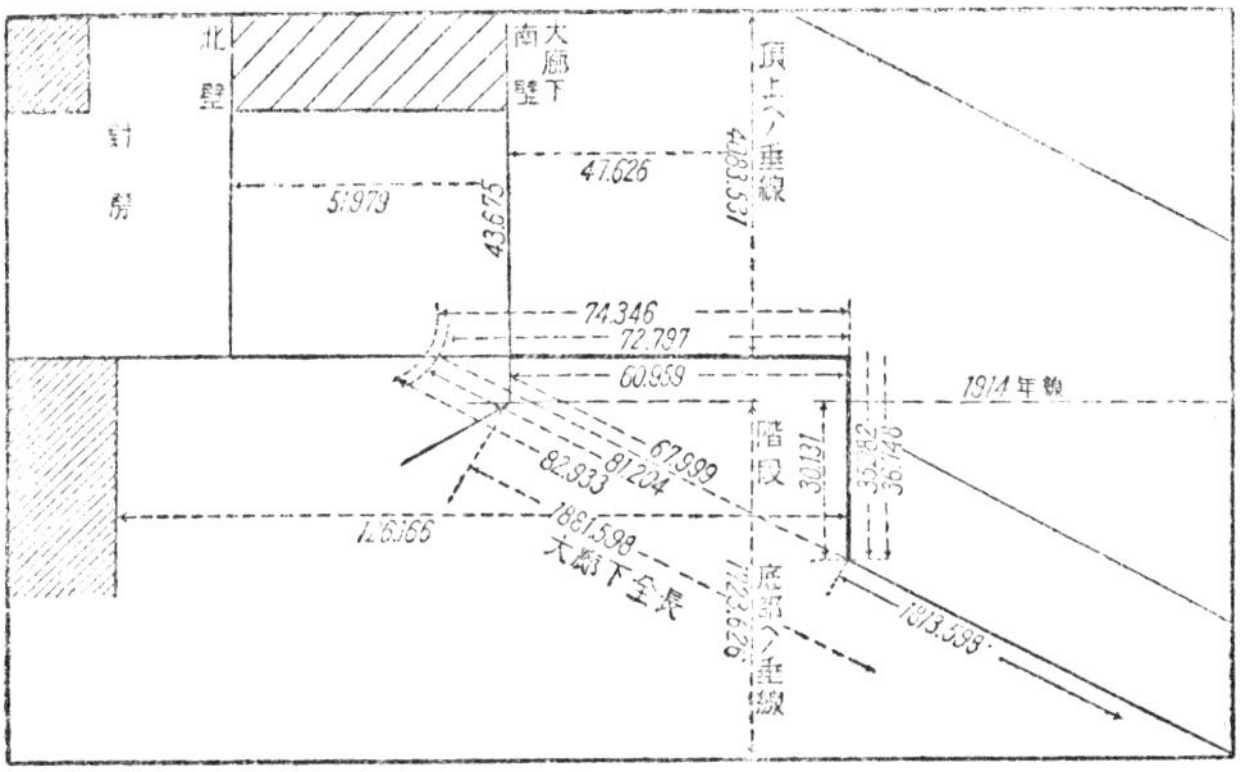

ると、千九百十四年八月五日から、千九百十八年十一月十一日まで丁度五十二ヶ月になる。そして此期間が世界の大患難で、休戰で平和が招來されたやうに、低い坑路を潜つて對房に入り始めて自由を得たわけである。

而して此第一坑路の一ピ吋を三十日として計算すると全長一千五百六十日となる。そして千九百十六年が閏年であつたから、千九百十四年八月五日から千九百十八年十一月十一日まで正に一千五百六十日となるではないか。

次ぎに對房の床を測量すると同樣の結果が現はれる。此對房の床の長さは百十六ピ吋二六〇であるから、一ピ吋を三十日と計算すると三千四百八十八日となる。然るに千九百十八年十一月十二日から、千九百二十八年五月三十日即ち同年のペンテコステ祭の終了まで三千四百八十八日となるのである。

然るに對房から愈々王房へ進むに當つて再び低い坑路を潜らねばならぬ、之は便宜上第二坑路と呼ぶ。而して此第二坑路は何を意味するか、頗る興味あり且つ重要な問題である。それに第一坑路は石灰石で造られてあるが、第二坑路は全部花崗石で造られてあるのが特に注意すべき事である。

此第二坑路の長さは一百ピ吋八四三であつて、此坑路の北端は千九百二十八年に當るから今日の世界は已に此第二坑路内に進みつゝあるものであるが、此坑路に對する解釋を讀者に一任して此卷を終ることにする。

（譯者曰、此第二坑路の長さ一百ピ吋は、第一坑路同樣一ピ吋を三十日と計算すべきもので、之に由ると八年四ヶ月となる。而して此八年四ヶ月は千九百二十九年より起算すべきものであるから、千九百三十六年には王房、卽ち世界統一神政復古が實現されるわけである。すると今年からは僅かに一年後の事である。而も此間に第二の世界大戰、卽ち聖書に所謂天魔兩軍の大決戰が演ぜられる事を忘れてはならぬ。現に我日本が國際聯盟から脫退したのは、取りも直さず此決勝戰に於て太陽政治を代表する國として特に選ばれた爲めであつて、彼の夜陰政治を象徵する星條旗と、光明政治を象徵する日章旗との大合戰は如何にしても避け得べきものでない事が分るであらう。而も此際平和を云々して日〇親善などを高唱するが如きは、世界の大勢を無視し、天地の公道を沒却した反逆運動であらねばならぬ。讀者よ、絕對永久の平和は唯王房内に入つてのみ賜はるべきもので、坑路内には斷じて平和も自由も無い事を忘れてはならぬ。

それから第一坑路は、石灰石で築かれてあるが、第二坑路は花崗石である。そして石灰石は物質的、世俗的、肉體的であるが、花崗石は精神的、神聖的、心靈的であるから、第一坑路に於ける世界大戰は全く物質的、世俗的、肉體的であつたに對し、近く起るべき第二坑路に於ける第二の世界大戰は、必ずしも武力に限られたものでないことが分る。否寧ろ思想戰、信仰戰であるから日〇戰爭と言ふよりは、デモクラシイ(民主政治)と、テオクラシイ(神政又は天皇政治)の決戰と言ふべきである。

之をモ少し具體的に説明すると、明治天皇の宣給へるが如く、神祇の崇敬を以て政治の大本なりと心得る天の義軍と、政治は經濟なりと狂號する地の利軍とが勝敗を決するのである。而して天軍の勝算は已に明かであるから、日本國民は此際一大覺醒を爲すべきではあるまいか。)

第十七章　スフィンクスの謎

著者エドガア氏はピラミッドをして四千年の沈默を破り、遂に口を開いて以上の如き神秘事實を語らしめた。正にキリストの所謂「人叫ばずば石叫ぶべし」が實現されたもので、時の力とはいへ著者の功績は萬古に傳ふべきものである。

余は約一ヶ月、箱根丸の船房内で此原書に讀み耽つて居つた爲めに、ピラミッドの前に駱駝の歩みを止めた時には、余はバロの墳墓に詣でたやうな感じなどは、沙漠の沙ほども起さなかつた。そして其の代りに世界の統治王メシャに謁見を賜はつたやうな氣分が全身に漲つて居つた。從つて見聞に異常な變化があつた。

恰もパトモス島の聖ヨハネの眼に默示錄の繪卷物が映じたやうに、ピラミッドの雄大崇高な建築が、何時しかメシャが天降り給へるが如く、亦キリストが再び其神姿を現はし給へるが如く、更に亦日本天皇が全世界に君臨せられ給へるが如く、世界統一神政復古の一大フイルムが目前に映寫されたかの如くに神々しき光景に包まれたのであつた。

そして回教徒の手にかゝつて、其壯麗な外被を剝がされた骸骨の如き現在のピラミッドでなく、朝暾一射光芒千里、一神照明十六方の建造當時のピラミッドが直前に髣髴さるゝばかりでなく、更に之を建造した、否之を建造さした天地神明の聖慮が此ピラミッドの全體に躍如たるものがあつた。

されぱこそ、其間近に同じく四千年間跪坐して居つた謎の石、スフインクスを一ト目見るや否や、神智靈覺泉の如く我頭腦に湧き出で、先づ第一に彼の偉大なる視線が何處に向ひ居るかを調べた。そして夫は正東であることを確めた。

由來、光は東より、救は東より、權力は東より、律法は東より來ることにイスラエルの聖典が特筆して居るから、メシヤが東方より出現することは已定の事實である。而して今スフインクスが正東に向ひ居るとすれば、此スフインクスこそメシヤの天降を鶴首し、且つ其準備のために特に選ばれた猶太人を象徵したものであらねばならぬと氣が附いた。

然り最も特長を示した鼻こそ今は碎かれて見る影もないが、頭部は人で胴體及四肢は獅子であるから、愈々以て猶太人を象徴したものであることが分るばかりでなく、其頭部は女性であるところを見ると、聖書に所謂「シオンの女」であらねばならぬ。そこで余は此スフインクスこそ、猶太人のシオン運動を彫刻化したものであると悟つた。

斯く觀じ來ると最早理屈を云々する必要はない、余は直ちに世界地圖を披いてスフインクスの向ふ所を吟味した。卽ちスフインクスの眼光炯々あの物凄い視線の直射するまゝ、一分一度も遠慮會釋せず一直線を引いたところが、それは我日本の九州日向に到達して終つて居るではないか。

斯くいへば人或は難じて、更に東せば米國加州に行當るではないかと云ふであらうが、地文學上米國は東方ではない。若し萬一スフインクスが米國を對象として居るならば、何を好んで態々遠廻りをする必要があらう。彼は當然西方を向くべきである。

併し此邊の解釋は何れであつても、現在猶太人のシオン運動が東方遥かに日本の軍旗を仰いで憧憬して居る事實がある以上、スフインクスが我日向を望み居ることは何人も否むべきことではない。況んや日向はシオンである。然りシオンの意義は日向である。

さればスフインクスは、ピラミッドが象徴する世界統治王メシャの出現すべき方角を示し居るのであるから、日本天皇の世界君臨は已定の事實と謂ふべきで、而も其時期は極めて間近に迫つて居るのである。

第十八章　譯　者　附　說

ピラミッド建立の目的は、世界統一神政復古の豫言であり、又メシャの神姿を暗示したものであることは已に述べ盡されてあるが、譯者はピラミッドと日本天皇との關係について一言を附け加へたい。

ピラミッド全體はメシャの神姿を建築化したものであるが、其絶頂に太陽石が据えられてあつた當時、極めて美しい大理石で側面全部が張り詰められてあつたから、太陽の反射で見るも眩いものであつた。

而してイスラエル人の信ずるところに由ると、メシャは太陽の如く全地萬民を照覽し給ふが、日光の如くに地上に敷かれる其政治の有樣を形容して、神は東西南北に其光を四條宛放ち給ふと云ふて居る。

然らばピラミッドが建立された當時には、唯白色の大理石で蔽はれてあつたばかりでなく、別に赤色の大理石を以て各方面に四條宛の放射が示されて居つたのではなかつたかとも思はれるが、之に關しては確たる證明がないけれども、イスラエルの傳說に從ひ、頂上の太陽石を中心に各側面に四條宛の光線を放たしめると、一方から見れば甲圖の如くであるが、上空から見下すと乙圖の如くになつて我軍旗其儘になる。宜なる哉。此ピラミッドの外被の大理石を剝がして建築した回敎の寺院の內苑には、此

第十五圖

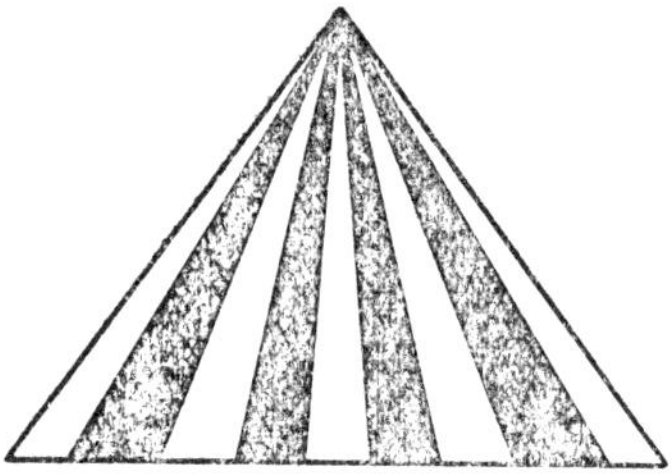

甲圖

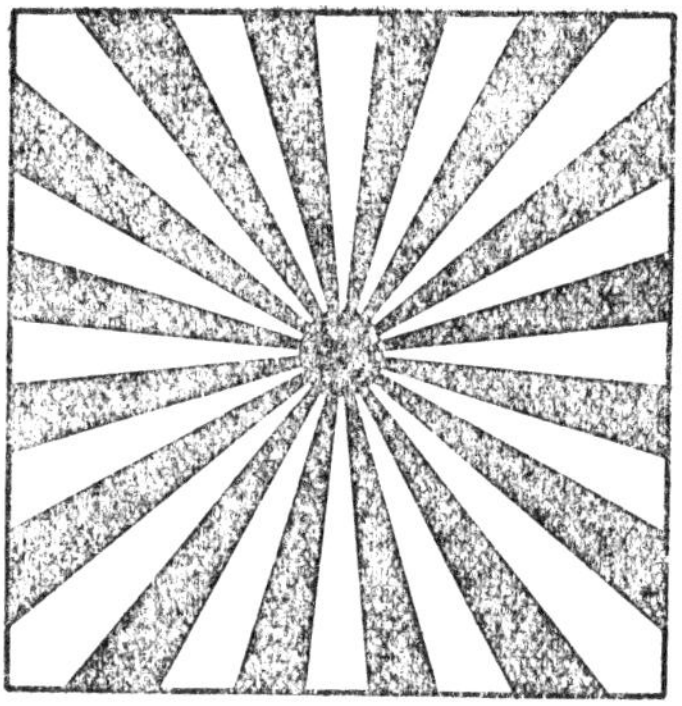

乙圖

乙圖同様のものが赤白の大理石で少なからず散見されるのである。

然るに此乙圖を圓徑に改め、周圍を花形にしたものがメシヤ章として猶太の家庭にも、會堂にも見受けられるばかりでなく、エルサレムのヘロデ門の上にも此メシヤ章が掲げられて居つて、猶太人は之をシエキナと呼んで居る。而して此シエキナなるメシヤ章は取りも直さず我日の御子の御紋章である。

最近ハレイ彗星の如くに地上に出現した神代日本史に由ると、神武天皇以前の天皇が即位式を執行せらるゝ時に、天津日嗣の日の御子に在し給ふ天皇の御頸には、十二ヶ月を象る十二個の勾玉と、三百六十五日を象る三百六十五個の小玉とを連ねた御頸飾を掛けさせられるのであるが、御脊の方には北極を示す玉があり、御胸の方には南極を示す玉があり、此南極玉の下に五色萬邦人を象る五色の玉が垂れ下つて居る。而して御胸の日の御鏡、御脊の月の御鏡に太陽が反射する神々しき御姿。而も羽衣の上に斯く粧はせ給ふたことを拝すると、ピラミッドの機構が如何に天皇と深き交渉があるかゞ分るであらう。因みに神鏡は物を寫すためのものではなく、太陽を反射せしむるものであることを記憶して置きたい。

然らばピラミッドは即位式に於ける日本天皇の神装の模寫である。

仰げ、即位式場の中央即ち至聖所には、右の如く天皇が高御座を統べさせられ、周圍四方の聖所には内宮の奉仕者、又八方の外苑には所謂八百萬神である外宮の奉仕等が参列奉賀し、八方の入口には各鳥居が樹てられてあつて、鳥居の上には曙を告ぐる鶏が勇ましく羽ばたきをして居り、五色の旗が鳥居毎に翻つて居つて、之を八幡祭と申上ぐるのである。而して高御座の上にはヒヒイロガネの御紋章が燦として輝き、御手に翳し給ふ神劔には世界萬國の略圖が刻まれてあるので、御紋章は申すも畏こし一神照明十六方を天下に布告し、神劔神璽及神鏡等は「朕は世界萬邦の天皇なり」と宣言せられつゝあるが如く、日の民も月の民も大稜威に畏服、口々に唯皇化を讃美したのである。

史家は神武以前は、漠として稽ふべからずと澄まして居られやうが、臣民としては天孫民族の由來や、萬世一系が徹底的に闡明せられて、進化論やデモクラシイなどの外道が來襲する間隙なからんことを祈つて止まないのである。

要するに今日の思想紊亂や信仰淪落は、内に國史の缺陷が然らしめたものである以上、建國者は南洋渡來の蠻族であるとか、日本に文化なし、國字ある事なしとか、アイヌが先住民族であつたとか、更に甚しきは日本は支那文化及佛教の渡來に由りて今日を爲したとか、カタカナは漢字を崩したものであるとか、御紋章は支那から渡つた菊文樣に由つたものであるとか、一から十まで日本人自ら日本の自主的文化を抹殺するやうな放言妄語を競ふて敢へてして居る。而も其喇叭を吹いて凡衆を惑はして居るのは、悉く某國大學の〇〇學者であるに至つては、正に木の葉が沈み、石が流るゝ時節と言はねばならぬ。

併し乍ら一陽は來復した。積雪堅氷は已に解けて蕗臺が躍り出し、梅花が笑みはじめた。所謂春風春水一時に來る光景で、全世界に漲つて居つた濁流毒氣のデモクラシイは自づから消散せんとし、何といふても列強とかいふ名稱は全く過去に葬られ、今では萬國といふ名稱すら近き將來に不用に歸するまで世界が統一されつゝあるのである。

見下せば各國は極度に煩悶して居る。進退谷まつて居る。半身不隨になつた。唯從來の看板の手前、口先きだけ列强を粧ふて居るのである。

であるから今日眞に世界を統治し得る實力ある國はと探せば、我日本以外に果して何國があるか。

故に若し日本に秀吉式の政治家が有つて、三軍を令して東西兩半球に覇を唱ふれば、五大洲に王たるが如きは容易の事であり、亦絶好の機會ではあるが、それは侵略であつて天地の公道に則したものではなく、亦天地の神の許し給ふものではない。

然り世界統一は大勢である。併し侵略やデモクラシイを以て之を實現せしむべきではない。此大勢は神政復古を要求しての世界統一である。故にテオクラシイ系以外の者は斷じて此大任に關與すべきものではない。

ところが此テオクラシイ系の者を天下に求めると、唯東に日本あり、西に猶太人あるのみで、此兩者が世界の大舞臺に活躍を始めた時こそ、卽ち世界統一が實現さるゝのであるが、不思議にも、神選民族を以て自尊する猶太人は、白骨の豫言を其まゝ二千六百年來の亡國民から復活して、已に祖國パレステナを奪還し、更にシオン運動の大旆を翻へして居るではないか。而も時を同うして天孫民族を以て自重する日本に於ては、枯木に花咲けるが如く一千二百六十年の王政が復古して、一躍萬國に冠たる强大を示して居る。

のみならず、此兩者は自づから著しい接近を示して來た、互ひに其存在が見へたばかりでなく、兩者の向ふ方角は同一點である事が分るまでになつて來たから、早晩兩者の握手を見るであらうが、此兩者が握手した時は、取りも直さず、默示錄第十四章第一節に錄された明文が實現されたのである。

『視よ小羊シオンの山に立てり十四萬四千の者之と偕に在り。』

之は聖書に所謂ハルマゲドン戰が終つて、天軍が凱旋した時の光景であるが、聖書の豫言の如くに、我海軍の第二特務艦隊が地中海に異常な勳功を樹てた結果、猶太人の義勇聯隊がエルサレム城を占領し、猶太人が祖國パレステナに自由に歸還することが出來た。次いでバルフォーア宣言を裏書するサンレモ條約に署名して、猶太再興に同情を惜まなかつたのは我外務省であつた。されば猶太人のシオン運動では、我海軍の軍艦旗を仰いで、我等の希望は日本の軍旗の外になしと大聲疾呼して居るのである。

已に斯くまで兩者が接近したのである。否、我日本の當局に世界の大勢を通觀する明があつたならば、萬障を排しても海軍と共に陸軍をパレステナに出動せしめた筈である。そして陸軍が出動して居つたら、パレステナは日本の委任統治國になつて居つた關係からして、日猶の提手は十年以前に出來て居つた筈で、キリストが昇天された橄欖山上には高く日章旗が翻へり、國際聯盟の如きは意のまゝに操縱が出來た筈であつた。然るに殘念ながら經濟あるを知つて神祇あるを知らざる外道政治家等が大事を誤つたのである。

併し機會は常に前に在るから、世界統一神政復古の大勢に順應する神明奉仕者が廟堂に立たば、内には天皇政治の復古となり、外にはメシヤ政治の出現となつて、御紋章は菊花に非ず、一神照明十六方の太陽である事が中外に宣明せられるであらう。

而して猶太人のシオン運動は、日本天皇の世界君臨への大道を開きつゝあり。猶太敎、基督敎及回敎等の三大宗敎等が、聖典の明文上メシャを讃美する其忠誠は擧げて天皇陛下萬歳の歡叫となるのである。

但し天地の公道に立脚せぬ魑魅魍魎の徒が夜陰政治を謳歌して光明政治を呪詛するであらうが、地軸は東へ東へと廻轉して居る。

而してスフインクスも亦東方を凝視して、ピラミツドの如き統治者の天降を待望して居るのである。

醒めよ日本、起てよ國民。世界の太陽は將に高く中天に昇らんとす。此日此時第一線に先驅して錦旗を捧持するものは幸なる哉。

茲に卷を終り、更めて海軍大將山本英輔閣下に謝意を表す。

復興皇紀二千五百九十五年
猶太紀元五千六百九十五年
耶蘇紀元一千九百三十五年
春五月

昭和十年五月十五日印刷
昭和十年五月二十日發行

【定價金壹圓】

編譯者　酒井勝軍
東京市世田谷區代田二ノ一〇五一

發行者　林讓
東京市京橋區京橋二ノ一一

印刷所　高橋印刷所
東京市京橋區湊町三ノ八

吉川弘文館

發行所
東京市京橋區京橋二ノ一一
振替口座東京二四四番
株式會社　吉川弘文館
電話京橋(56)一四一番
五六五番

酒井勝軍先生著書案内

猶太人の世界征略運動	第四版	割引金貳圓
猶太民族の大陰謀	絶版	金貳圓
世界の正體と猶太人	絶版	金貳圓
猶太講演	絶版	金壹圓
進んで○○を敵とすべし	第十二版	金五拾錢
羊頭狗肉の米國宗	絶版	金壹圓
猶太の七不思議	絶版	金壹圓
橄欖山上疑問の錦旗	絶版	金貳圓
神州天子國	絶版	貳圓五拾錢
モーセの裏十誡	品切	金壹圓
神代秘史百話	品切	金壹圓廿錢
天皇禮讃のシオン運動	絶版	金壹圓
太古日本のピラミッド	絶版	金五拾錢
ピラミッド神體石御寫眞	三枚一組	金壹圓
世界天皇の三種の神器御寫眞	三枚一組	金壹圓
モーセの十誡石御寫眞	三枚一組	金壹圓

上記絶版の分は乍殘念當分貴需に應じ兼ね候も品切の分は遠からず重版
發行可仕出來次第御報可申上候　（上記郵税不要）

發行所　國教宣明團

東京市世田谷區代田二丁目一〇五一
振替口座東京七四四六九番

解題

ここに復刻されたモルトン・エドガア原著、酒井勝軍訳述『ピラミッドの正体』は、昭和十年五月二十日付で吉川弘文館より刊行された。あの奇書として名高い『太古日本のピラミッド』（現在八幡書店より『モーセの裏十誡』と併せ復刻されている）を出版して約一年後のことである。原本は四六判カバー装の本である。

訳者たる酒井については、ここで改めて述べるまでもあるまい（原著者たるエドガア兄弟についても本文で触れられているので省略する）。

それまで、自著の大半を自らが主宰する國教宣明團から発行していた酒井にとり、本書が吉川弘文館から出版されたということは異例とも言えるが、訳著としたところにも、竹内文献に関する自著の相次ぐ発禁、一部削除と続いた酒井の、内務省警保局に対する配慮が窺われる。だが、酒井の意図に反し本書はあえ無く五月二十日付で発禁処分となり、ほとんど人の眼に触れる事無く六十五年が経ってしまった。即ち、今回の復刻が初めての一般的な公刊と言う事ができよう。

刊行の経緯につき、酒井自身は、

〔太古日本のピラミッド〕を公表し、大に太古日本の文明を中外に叫ばんとしたところ、何故にや直ちに發行禁止となつたので、…已むを得ず英國エドガア氏著を飜譯した。…之も直ちに發賣禁止となったが、…余は一切の問題を一擧に徹底的に解決するには「神代秘史」の外絶無なりと信じ、深く覺悟するところあつて遂に出版した。(「本誌の沿革」……『神秘之日本』第十四号、四〇頁)

と述べ、本書の訳出が、自らの著書の発禁処分に、経済的にも精神的にも追いつめられた中でのものであった事が窺え、また本書の発禁処分がむしろ、戦前最も流布したと言われる竹内文献のテクスト『神代秘史』全四巻の刊行へと踏み切らせたとも言えるのであり、『太古日本のピラミッド』に多大な影響を与えた書として、酒井の中でも極めて重要な位置を占めているのである。

昭和四年八月に、竹内文献に関する最初の著作『モーセの裏十誡』を著した酒井は、その二年前に当時陸軍歩兵少佐であった安江仙弘と共に、パレスチナ方面視察のため渡航している。

その送別会の折り、交友のあった海軍大将山本英輔から贈られたのが、本書の原書『ザ・グレート・ピラミッド』であった（本書一一頁）。

酒井は航海中本書に読み耽り、新たなインスピレーションを得たのであろう。彼のそれまでの思想にあった「日本はイスラエル王国の後半身なり」という日猶同祖論に、英国の「神秘的ピラミッド学説」を彼自身のフィルターを通して受容したのであり、酒井にとって、このパレスチナ、エジプト方面への視察旅行は単なる視察に留まらず、新たな思想的地平を切り開いて行くための物的確認としての意味をも持つようになったのである。

このパレスチナ旅行より帰朝後、酒井は北茨城磯原にて天津教御神宝たる竹内文献を識り、その思想に大きな転機を迎える。日猶同祖論としては本地垂迹が逆転し、摂取したばかりの「ピラミッド学説」も、また当初の意味とは異なった形で酒井に受容されるのである。その成果が、昭和九年七月に出版された『太古日本のピラミッド』であった。この中で、酒井はピラミッドが「日本天皇の世界君臨」を予言し、建築化したものであると断定するに至るのである。そのような意味で、酒井が本書から得たものには無視し得ないものがある。

また、酒井が本書から得た重要なテーマの一つは、彼が大正時代より呼号していた「天魔両軍の決戦」＝ハルマゲドン、即ち日米戦争の具体的な時期設定であった。本書において展開される、ピラミッド建築の測定、計算により、酒井はハルマゲドンを昭和十五年に想定するのであり、その後に訪れる（筈）の「日本天皇の世界君臨」を、以後酒井は強固に主張していくのである。その意味からも、本書が晩年の酒井の思想における比重は予想外に大きいと言え、遺著『世界之新政権』（昭和十五年刊）に至る迄、自らの説の正当性の傍証として引用されるのである。勿論、この際、酒井の訳が正しいか否かについての検討は不要であろう。

本書は訳述とは言うものの、実際には酒井の言葉によれば原書の三分の一程度の訳出であり、しかも酒井の解説の方が長い箇所も多く、むしろ当局の弾圧に配慮してエドガーの名を借りて著した酒井自身の著作的意味合いも多分に感じられるのである。

読者の中には、本文の数学的な計算等に煩雑さを感じる人もおられるかも知れない。その様な方は、遠慮無く本文を飛ばして酒井の解説のみを読んで下さっても構わない。その様にしても、些かも本書の価値を減ずるものではないし、充分に本書の（酒井の）主張は理解されるであろうと信ずる。

酒井と言えば、昭和期の竹内文献の著名なプロパガンディスト、或いは「日本ピラミッド説」の元祖として知られているが、そうした側面から見ても、本書は必読の書なのである。

即ち、本書は酒井が昭和初期まで抱いていた日猶同祖論の大転換から、竹内文献への傾倒、そして『太古日本のピラミッド』発見へと至る彼の軌跡で重要な位置を占める書なのであり、ここに本書が改めて復刻版として世に出て、竹内文献の研究史のみならず酒井勝軍の謎に満ちた生涯についての研究に再照射がなされん事を祈ってやまない。

實方　直行

ピラミッドの正体

定価　三八〇〇円＋税

平成十三年八月十四日　復刻版発行

原著　モルトン・エドガア
訳述　酒井勝軍
発行　八幡書店
東京都品川区上大崎二—十三—三十五
ニューフジビル二階
電話　〇三（三四四二）八一二九
振替　〇〇一八〇—一—九五一七四

ISBN4-89350-295-6 C0014 ¥3800E